**Kaleidoskop
Selbst erlebte Kurzgeschichten**

Fritz Hans Schwarzenbach

# Kaleidoskop
# Selbst erlebte Kurzgeschichten

Fritz Hans Schwarzenbach

Verlag Books on Demand GmbH

2016

Bibliografische Information der Deutschen Nationalbibliothek:
Die Deutsche Nationalbibliothek verzeichnet diese Publikation
in der Deutschen Nationalbibliografie; detaillierte bibliografische
Daten sind im Internet über http://dnb.dnb.de abrufbar


© 2016 Fritz Hans Schwarzenbach, Kistlerweg 9, CH-3006 Bern
Herstellung und Verlag: BoD – Books on Demand, Norderstedt
Layout und Prepress: Kurt Rauber, CH-8965 Berikon

ISBN 9783741288067

# Inhalt

| | | |
|---|---|---|
| Vorwort | | 7 |
| 1944 | Meine erste gedruckte Publikation | 8 |
| 1944 | Wie ich Peter Braun kennenlernte | 10 |
| 1948 | Wie ich zum ersten Mal nach Grönland kam | 12 |
| 1949 | Begegnung mit zwei Engländerinnen auf der Fähre von Malmö nach Kopenhagen | 14 |
| 1950 | Der Steinmann auf dem Teufelsschloss in Ostgrönland | 18 |
| 1951 | Grönlandsommer mit Büchsenwienerli | 22 |
| 1952 | Gleichzeitiger Abschluss von Gymnasiallehrerdiplom und Doktorat | 26 |
| 1953 | Einladung zur Teilnahme an der Zweiten Baffin Island Expedition 1953 | 28 |
| 1953 | Dankgottesdienst in der Missionskirche von Pangnirtung | 32 |
| 1953 | Spuren im Sand | 36 |
| 1953 | Die Geschichte von den «Schwartzenbach Falls» | 38 |
| 1953 | Begegnung mit Alf Erling Porsild und Geoffrey Hatterley-Smith im National Herbarium in Ottawa | 40 |
| 1956 | Übernahme des Materiallagers der «British North Greenland Expedition 1952–1954» | 44 |
| 1956 | Zu Besuch auf der Wetterstation Daneborg | 48 |
| 1958 | Besuche von Prof. Blaurock (Ostberlin) in Bern | 52 |
| 1960 | Die Steinbockhörner im Kloster Engelberg | 56 |
| 1961 | Tagung auf Schloss Lenzburg zum Thema «Informationspolitik über Strahlenfragen» | 58 |
| 1961 | Einladung als Gastdozent an das Indian Statistical Institute in Calcutta | 62 |

| 1961 | Als Ehrengast des indischen Oberfeldarztes bei einem militärischen Empfang | 64 |
| --- | --- | --- |
| 1961 | Teilnahme an einer Sitzung des indischen Verteidigungsministeriums in Darjeeling | 68 |
| 1961 | Mittagessen mit dem bhutanesischen Königspaar im Hotel «Wysses Rössli» in Schwyz | 72 |
| 1962 | Gründung des WWF: Vorbereitende Sitzung in Zürich | 76 |
| 1964 | Kauf des Tessinerhauses | 78 |
| 1964 | Film «Forschung im Streiflicht» für die EXPO 1964 in Lausanne | 80 |
| 1964 | Clavadel. Heirat eines streng katholischen Küchenburschen aus Spanien mit einer geschiedenen Muslimin aus Jugoslawien | 82 |
| 1968 | Der historische Bewässerungsvertrag von Monstein | 84 |
| 1972 | Empfang durch Bundespräsident Jonas in der Wiener Hofburg | 88 |
| 1976 | ENHK – Gutachten zu Stausee-Projekten «Gletsch» | 90 |
| 1977 | Sollen die Alpen zum Disney Land Europas werden? | 94 |
| 1979 | Semaine de Surprise im kommunistischen Jugoslawien | 96 |
| 1983 | Vizedirektor der Eidg. Anstalt für das forstliche Versuchswesen (EAFV): Freiheit des Arbeitsstils | 102 |
| 1984 | Entwicklung einer Schreibmaschine für Redaktoren von Mundartwörterbüchern | 106 |
| 1991 | Elisabeth und ich werden in den Werner Bergen vergessen | 108 |
| 2006 | Foto von Hugh Thompson im Hotel «Spitsbergen» in Longyearbyen | 114 |
| 2011 | Ehrung von Rolf Lorenz in Tübingen | 116 |
| 2013 | Anfrage von Peter Dawes: Wann und wo fand diese Party an Bord von «SS Gustav Holm» statt? | 118 |

| Dank | 120 |
| --- | --- |
| Fotonachweis | 121 |

## Vorwort

Manchmal braucht es nur einen kleinen Anstoss. Diesmal kommt er von meiner Frau Gret:

«Schreibe doch noch die kleinen Geschichten über persönliche Begegnungen und ungewöhnliche Erlebnisse in deinem Leben auf, solange du noch kannst».

Immer wieder bin ich in meinem Leben in ungewöhnliche Situationen geraten, die ich nie erwartet habe. Begegnungen, die Weichen für meine Zukunft gestellt haben. Gespräche mit ratsuchenden Menschen in verantwortungsvollen Positionen rund um die Welt, die mich auf verschlungenen Wegen gefunden haben. Zufälliges Zusammentreffen unter eigenartigen Umständen.

Zufälle oder schicksalshafte Fügungen? Ich lasse diese Frage im Raum stehen.

Die kleinen Geschichten sind chronologisch geordnet und spiegeln mein bewegtes Leben voller Rösselsprünge, Brüchen und Neuanfängen in Familie und Beruf. Ich habe zeitlebens geforscht, war frei in der Wahl meiner Themen und Methoden. Und ich fand immer wieder zurück zu den Grundfragen des Menschseins in einer sich ständig verändernden Welt.

Ich suchte das Glück und fand den Weg zu den Menschen.

**1944**

## Meine erste gedruckte Publikation

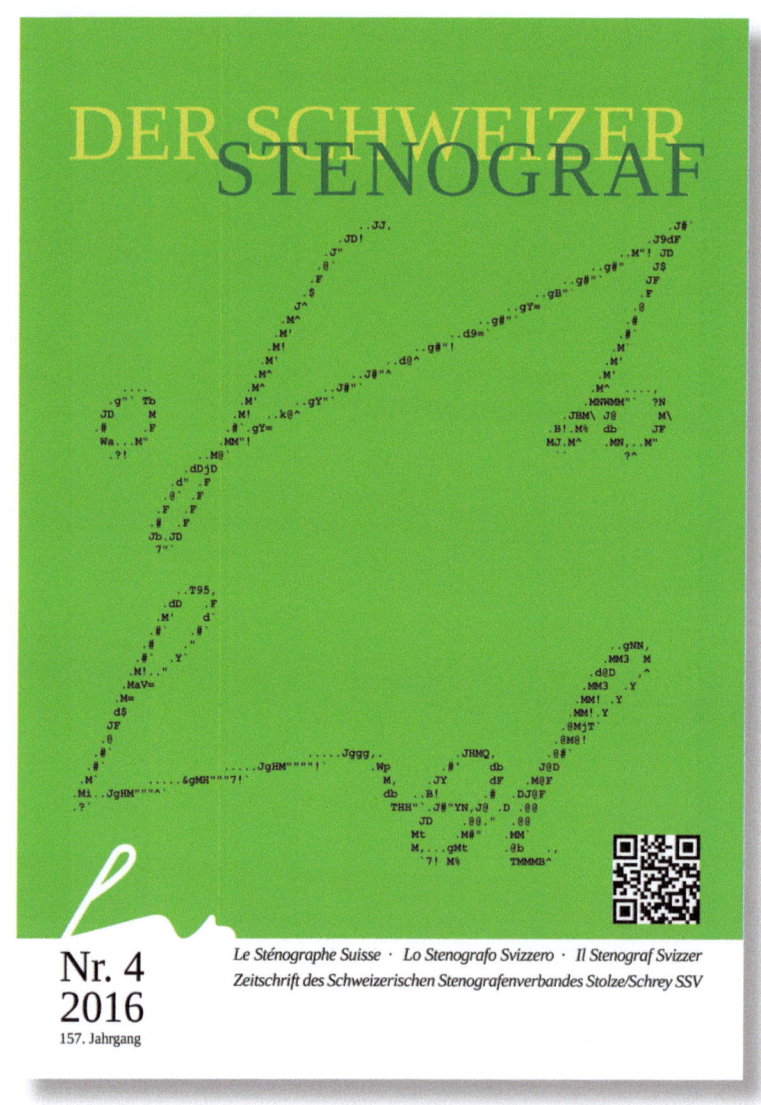

Meine Eltern übernahmen 1942 die Leitung des Landerziehungsheims Hof Oberkirch in Kaltbrunn. Mit diesem Wohnortswechsel erhielt ich die Chance, im Lachmöwen-Reservat Kaltbrunner Riet meinen ornithologischen Neigungen nachzugehen.

Eine kurlige Geschichte nahm im Sommer 1944 ihren Anfang. Der Verlag Sauerländer in Aarau schrieb in seiner Zeitschrift «Jugend und Umwelt» einen Wettbewerb aus und ermunterte Jugendliche, kurze Aufsätze über naturwissenschaftliche Themen einzureichen. Ich fand Spass an der Ausschreibung und beteiligte mich mit dem Text «Vogelalarm im Kaltbrunner Riet.» Mein Beitrag wurde mit einem Jahresabonnement auf die Zeitschrift belohnt.

Einige Monate später fragte mich der gleiche Verlag an, ob er meinen Text in stenographischer Fassung in seiner Zeitschrift «Der Schweizer Stenograph» verwenden dürfte.

Auf diesem Umweg kam ich im Alter von 19 Jahren zu meiner ersten gedruckten Publikation. Und das erst noch in der extravaganten Form einer Übungsvorlage für Anfängerkurse in Stenographie.

## 1944

# Wie ich Peter Braun kennenlernte

1. August 1951. Peter Braun beim Camp Steinbruch auf dem Skjoldungebræ (Ostgrönland 71° N)

Noch währte der Krieg mit seinen Einschränkungen wie Rationierung, Mahlzeitencoupons, Verdunkelung und seinen Auflagen wie Landdienst und Anbauschlacht. Eines aber wussten wir Mittelschüler zu schätzen: Unter dem Stichwort «Vorunterricht» bot uns die Militärdirektion Zürich sogenannte «Leiterkurse» an, in denen wir gratis und franko zu Kursleitern für Jugendliche ausgebildet wurden. Mit Vergnügen hatte ich diese Ferien- und Freizeitangebote wiederholt genutzt und bereits Ausweise als Kursleiter für Schwimmen, Langlauf und Skifahren erworben.

Unversehens flatterte mir ein neues Angebot für einen Wanderleiterkurs im Tessin ins Haus. Träger des Kurses war der linksgerichtete Verein zur Förderung der Jugendorganisation «Rote Falken». Als Kursleiter wirkte Ernst Nievergelt, ein behäbiger und versierter Instruktor.

Wir waren eine bunt zusammengewürfelte Horde von 10 Teilnehmern. Mit dabei war Peter Braun, Sohn des damaligen Direktors der Epileptischen Anstalt.

Mit Zeltblachen militärischer Ordonnanz, mit Küchenmaterial und Verpflegung fuhren wir mit der Bahn von Zürich nach Taverne. Unsere mehrtägige Wanderung führte uns von Taverne über Ponte Capriasca – Lago di Origlio – Monasterio di Bigorio – Lago di Muzzano nach Agnuzzo, wo wir in der legendären «Casa Coray» logierten und mit kurzen Ausflügen in den Malcantone unser Programm abrundeten.

Höhepunkt unserer Expedition war das Biwak mit Lagerfeuer am Lago di Origlio. Wir wählten einen lauschigen Lagerplatz und bauten mit einiger Mühe unsere Zelte auf. Peter schwang als erfahrener Pfadfinder den Kochlöffel und servierte uns «Vogelheu» nach Grossmutters Rezept: Serviert im Gamellendeckel und gegessen mit Militärbesteck.

Unsere Runde war sehr sangesfreudig und gab ein flottes Repertoire gängiger Soldatenlieder und Wehrmachtschlager zum Besten.

PS. Einige Mühe bereitete uns die Orientierung, weil aus Gründen der Geheimhaltung alle Ortstafeln und Wegweiser abmontiert worden waren.

## 1948

## Wie ich zum ersten Mal nach Grönland kam

Gardeleutnant Børge Hinsch bei der Fangsthytte von Kap Franklin (Ostgrönland 72° N)

Die Geschichte nahm ihren Anfang, als ich mit meinem Kommilitonen El Hamidi die Spezialvorlesung von Prof. Dr. Ernst Rutishauser über «Apogamie im Pflanzenreich» besuchte. Unser Dozent war als Gymnasiallehrer in Schaffhausen ein Kollege von Dr. Heinrich Bütler, dem damaligen Chefgeologen der dänischen Ostgrönlandexpeditionen.

Eines Tages fragte mich Rutishauser, ob ich Lust hätte, als Begleiter von Heinrich Bütler nach Ostgrönland zu reisen. Bütler suche einen Gehilfen, der mit Pferden umzugehen wisse, der schwere Lasten tragen und kochen könne.

Ich antwortete ihm spasseshalber, dass ich 1947 als Aspirant in der letzten berittenen Offiziersschule als erster vom Pferd gefallen wäre, dass ich soeben als Leutnant der Gebirgsinfanterie abverdient hätte und dass meine Mutter Haushaltungslehrerin sei.

Offenbar genügten diese Qualifikationen. Und so trat ich am 13. Juli 1948 an Bord des bejahrten «SS Gustav Holm», Flaggschiff der Ostgrönländischen Handelskompanie, meinen Dienst als Stallmeister und Betreuer von acht isländischen Ponys an.

**1949**

## Begegnung mit zwei Engländerinnen auf der Fähre von Malmö nach Kopenhagen

Karikatur von Max Giovanetti (Original von 1948): Murmeltier Max reist nach Grönland

Nach unserer Rückkehr aus Grönland fuhren Erdi Fränkl und ich mit der Fähre von Kopenhagen nach Malmø. Erdi freute sich auf das Treffen mit seiner Freundin (und späteren Gattin) Bethli Fischer, die damals auf dem Schweizer Konsulat arbeitete.

Wir weilten auf Deck. Unweit von uns standen zwei junge Frauen an der Reling, blickten immer wieder zu uns hinüber und tuschelten offensichtlich über uns.

Nach einem vergnügten Mittagessen in Hafennähe verabschiedete ich mich von Bethli und Erdi und trat die Rückfahrt an. Der Zufall wollte es, dass die beiden Damen ebenfalls an Bord waren.

Wir kamen ins Gespräch. Die beiden Engländerinnen wollten gerne wissen, in welcher seltsamen Sprache sich Erdi mit mir unterhalten habe und woher wir gekommen wären. Ein Wort gab das andere. Die Damen erzählten von ihren Ferienerlebnissen in Dänemark, wollten von unseren Erfahrungen in Grönland hören und fragten, ob auch Briten dabei gewesen wären. Sie waren offensichtlich von meiner Antwort angetan, dass wir die Expeditionskollegen aus England als gute Freunde kennen und schätzen gelernt hätten. Aus Mutwillen liess ich dann die Bemerkung fallen, dass sie Männer mit unserem Expeditionsabzeichen ungeniert anreden sollten, falls sie ihnen auf ihrer Heimreise begegnen sollten.

Bei der Zollkontrolle in Kopenhagen bat ich den Zöllner, die Fotokopie von Giovanettis «Murmeltier als Polarforscher» zur Erinnerung abzustempeln, was er schmunzelnd tat.

Wir verabschiedeten uns, ohne dass wir unsere Namen und Adressen nannten.

Zwei Wochen später absolvierte ich meinen ersten WK im Geb S Bat 8. Wie staunte ich, als mir der Feldpöstler einen Brief aus England von einer gewissen Miss Warwick überbrachte. Sie schrieb mir, dass sie und ihre Kollegin im Zug von London nach Bristol einen Mann mit Grönlandabzeichen getroffen und auf meinen Rat hin auch angesprochen hätten.

Als sie ihm von Giovanettis Karikatur erzählten, wusste mein Expeditionskollege sehr wohl Bescheid, weil er selber diese Fotokopie unterschrieben hatte. Auch kannte er meine Adresse, weil er mir im Austausch für ein Poly-Liederbuch eine kleine Sammlung englischer Volkslieder schicken wollte.

Ich meine: Es gibt noch Ketten von Zufällen, die man weder voraussehen noch erfinden kann.

**1950**

# Der Steinmann auf dem Teufelsschloss in Ostgrönland

14. August 1956. Flugaufnahme: Teufelsschloss und Hvidevæggen (Felskopf rechts von Teufelsschloss)

Im Sommer 1950 begleitete ich den Geologen Erdhardt Fränkl bei seinen Kartierungen im südlichen Andrée Land (72°N). Am 5. August standen wir auf dem Felskopf Hvidevægen und spiegelten gegen die Südwand des Teufelsschlosses. Wieder einmal narrte uns eine Luftspiegelung: Wir glaubten auf dem Teufelsschloss einen meterhohen Steinmann zu erkennen. Hatten ihn Noel Odell und sein Begleiter Walter Watson bei ihrer Erstbesteigung 1932 errichtet?

Grund genug, eine Zweitbesteigung ins Auge zu fassen. Wir sahen eine mögliche Aufstiegsroute durch die äusserste Felsrinne rechts auf der Südseite des Berges. Am 14. August war es so weit. Ich zitiere aus dem Tagebuch von 1950:

### Der Weg aufs Teufelsschloss führt durch kalte Flussarme im Delta

*Um 11.15 Uhr verlassen wir in Badehosen und Anorak, mit Rucksack, Schneebrille und Turnschuhen unser Lager. Ziel ist das Teufelsschloss. Das kalte Wasser beisst ganz tüchtig bei unserem Marsch über das Delta, da wir eine gehörige Zahl von Wasserarmen zu queren haben.*

*Mit blöden Witzen und Scherzen kommen wir jedoch gut auf die andere Seite des Flusses (13 Uhr). Wir trocknen uns ab und schalten auf Bergsteigen um. Langsam stapfen wir vorerst über prächtige alte Heiden und Sümpfe bis 400 m empor, traversieren dann recht mühsam die Schutthalden mit roten Schiefern aus Schicht 5 und hängen dabei kräftig die Zunge heraus.*

*Im Einstieg zum Couloir (600 m) halten wir Rast und krampfen uns dann mühsam die Schiefer hinauf bis wir in die ersten Blöcke von Schicht 6 kommen. Es geht besser. Auf 780 m seilen wir an und kraxeln einige Seillängen über die gelben Blöcke hinauf. Um halb vier Uhr sitzen wir auf dem ersten Band. Nochmals ein Krampf durch einen weiteren Kamin in der Schicht 7, worauf wir an der oberen Kante Zitronenwasser löten (16.30 Uhr).*

*Jetzt ist das Mühsamste vorbei. Über eine kleine Einsattelung und eine flache Mulde erreichen wir um 17.05 Uhr den Gipfel. Wir finden Odells Stein-*

mann – vier Blöcke und eine leere Flasche – die wir als Trophäe einpacken. Nach einer Portion Makrelenfilet behufs Behälter für das Gipfelbuch, nach einigen obligaten Tiefblicken verbunden mit Fotos, nach Aufstecken und Hissen der Schweizerfahne an Erdis Hammer und nach Aufsetzen des folgenden Gipfelbuches:

*«Der Gipfel des Teufelsschlosses wurde am 14. August 1950 um 17.15 Uhr von uns erreicht. Wir fanden einen kleinen Steinmann – vermutlich von Odell – vor, mit einer leeren Flasche darin. Wir nehmen sie mit.*

*Wetter: warm, windstill.*
*Erdhart Fränkl, cand. geol., Universität Basel, Schweiz*
*Fritz Schwarzenbach, cand. bot., Universität Zürich, Schweiz*
*Beigelegt: Routenkroki.»*

*Dann verlassen wir um 17.45 den Gipfel. Hinunter geht es ganz ordentlich. Die Felsstufen der Schicht 6 können wir durch einen Kamin mit Schutt umfahren, den Schiefer hinunter geht es ganz gut.*

*Um halb neun Uhr marschieren wir vorerst am Depot von unseren Wasserhosen, Wasserschuhen und Frottiertüchern vorbei – trotten fast bis zur Mündung des Flusses hinunter und merken erst nach 500 Metern, dass wir zu weit gegangen sind.*

Wir nahmen die Flasche mit und einigten uns über ihre Nutzung: Wer von uns beiden zuerst heiraten sollte, dürfte sie verwahren, bis der zweite so weit wäre. Bei Geburt des ersten Kindes würde wieder gewechselt, usw.

Das Abkommen hat funktioniert, bis Erdi während des Biafra-Krieges in Nigeria unser Erinnerungsstück zurücklassen musste.

**1951**

# Grönlandsommer mit Büchsenwienerli

2. September 1951. Das letzte Lager an der Küste des Kong Oscar Fjords

Peter Braun und ich suchten nach dem Proviant für unsere Arbeit in den Stauning Alpen. Die nummerierten Kisten waren in vier Stapeln aufgeschichtet. Wir wussten, dass der Proviantmeister vier verschiedene Arten von Verpflegung bestellt hatte. Im Vorjahr waren wir instruiert worden, dass jeder Stapel je eine Kiste der vier Typen enthalte.

Unbesehen luden wir die acht Kisten zweier Stapel ins Motorboot, nicht ahnend, dass in diesem Sommer die Kisten gleichen Inhalts die Stapel bildeten. So kam es, dass wir uns für den ganzen Sommer mit Kisten des gleichen Typs eingedeckt hatten.

Noch wussten wir nicht um unser Glück, als wir am 20. Juli 1951 in See stachen und nach Süden tuckerten.

Wir landeten bei der Mündung des Jasstals, luden alles Material aus und stellten die Zelte auf. Peter und ich rüsteten den Proviant für die zweiwöchige Arbeit im obersten Teil des Skjoldungebræ. Dann packten wir unsere Rucksäcke mit Lebensmitteln, die wir am nächsten Tag in einem Depot auf halber Länge des Gletschers auslegen wollten.

Erfreut waren wir über den Inhalt der Proviantkisten. Anstelle der wenig beliebten Konserven «Svinehjerter i egen saft» und der überaus faden Weisswürste («Baierske Pølser») fanden wir die Büchsen mit den vielseitig verwendbaren Wienerli.

Zwei Wochen später marschierten wir in einem Zug vom Camp Steinbruch im Firnkessel des Skjoldungebræ zur Küste und malten uns aus, wie wir uns an den Schätzen einer neuen Proviantkiste gütlich tun würden.

Wir wurden enttäuscht. Wieder fanden wir Büchsenwienerli genau so, wie auch in der nächsten Kiste. Erst jetzt realisierten wir unser Missgeschick.

Wir machten das Beste, was wir tun konnten:

Wir servierten Wienerli

– in der Suppe gesotten,

– auf dem Primuskocher gebraten,

– im Kartoffelmus geschnetzelt,

– kalt von Hand gegessen.

Am 18. August notierte ich in meinem Tagebuch einen neuen Höhepunkt. Eine mehrtägige Regenperiode hatte uns gezwungen, unsere Arbeit in den Syltoppene zu unterbrechen und in nassen Zelten an der Küste auszuharren.

Wir jassten eifrig und setzten als Preis für den Gewinner eine Dose Büchsenwienerli aus. Irgendwann tauchte die Frage auf, wie viele Würstchen wir seit unserer Landung bereits verzehrt hätten. Wir kamen auf die stattliche Zahl von 400 Wienerli. Folgerichtig tauften wir unser Camp «400 Wienerli-Lager». Vorrätig waren zu diesem Zeitpunkt noch 112 Würstchen.

Aus dem Total von 512 Würstchen und einer Durchschnittslänge von 14 cm errechneten wir eine Gesamtlänge dieser Wurstkette von 71,68 m.

Noch aber ist die Geschichte nicht zu Ende. Längst schon hatte sich die Belegschaft auf Maria Ø über unsere Fehlleistung amüsiert. Und als uns Axel Jensen am 2. September abholte, servierte er uns als Willkommensgruss eine Portion Wienerli in einer dampfenden Gemüsesuppe.

## 1952

# Gleichzeitiger Abschluss von Gymnasiallehrerdiplom und Doktorat

Universität Zürich

Im Herbst 1951 genehmigte die Fakultät sowohl meine Diplomarbeit mit dem Titel «Untersuchungen über einen Pollenkeimungshemmstoff aus reifenden Samen von *Cyclamen persicum* Mill.» wie auch die Dissertation «Carotinoide als Wirkstoffe der Fortpflanzungsphysiologie von *Cyclamen persicum* Mill.». Damit war der Weg frei, mich für die Schlussprüfungen im Februar 1952 anzumelden.

Die Schlussexamen für das Gymnasiallehrerdiplom und das Doktorat im gleichen Anlauf boten den Vorteil, dass ich nur einmal den ganzen Stoff für die Prüfungsfächer zu büffeln hatte.

Es war mir bewusst, dass mein Vorhaben ein Novum für die Fakultät darstellte und vergewisserte mich beim Dekan, ob das Parallelexamen reglementarisch zulässig sei. Erwartungsgemäss war der Fall im Regulativ nicht vorgesehen und konnte daher auch nicht verhindert werden.

Wie zu erwarten, war es schwierig, die Termine für die vorgeschriebenen Hauptfächer in beiden Prüfungen aufeinander abzustimmen. Schliesslich aber gelang die Doppelprüfung: Ich konnte in den gleichen Fächern bei den gleichen Professoren je zweimal antraben und wusste, dass die Fragen vom Vormittag am Nachmittag nicht mehr gestellt würden.

Wir alle, die Professoren wie ich, hatten Spass am ungewöhnlichen Verlauf der Abschlussprüfungen.

**1953**

## Einladung zur Teilnahme an der Zweiten Baffin Island Expedition 1953

Baffin Island 1953: Blick über Glacier Lake und Turner Gletscher gegen Mt. Asgard

Tschoon – wie er sich nannte – war eine Legende in der Bergsteiger- und Polarforscherszene an den Zürcher Hochschulen.

Tschoon – Hans Röthlisberger. Urberner aus Langnau im Emmental. Geophysiker. Dr. sc. nat. Teilnehmer an der Ersten Baffin Island Expedition 1950 des Arctic Institute of North America. Begleiter von Hansruedi Katz und Wolfgang Diehl auf der legendären und strapaziösen Erkundungsexpedition 1951 in Ostgrönland vom Inlandeis zum Strindberg Land.

Tschoon – Mitglied AACB. Begnadeter Sänger Berndeutscher Volkslieder.

Viele Geschichten über Tschoon zirkulieren in eingeweihten Kreisen. Eine der besten hat er uns wiederholt erzählt.

Das Geologische Institut hatte zu einer Exkursion ins Wallis eingeladen. Unter anderem sah das Programm die Besichtigung einer Suone vor. Vorgängig aber war die Korona zu einem Begrüssungstrunk in einem Walliser Keller eingeladen. Der Stimmungspegel stieg sehr rasch an, sintemalen die gute Akustik des Gewölbes die Studenten zu wohltönenden Studenten- und Trinkliedern animierte. Angesäuselt und heiter machte man sich auf den Weg zur «Bisse». Der Pfad war schmal, ausgesetzt und wenig gesichert. Tschoon realisierte, dass er in seiner Weinseligkeit nicht sehr trittsicher war. Er ordnete sich vorsichtshalber in der Mitte der Karawane ein, gefolgt von zwei Kollegen, die ein wachsames Auge auf ihn hatten. Zu ihrem Schrecken wechselte Tschoon von einem Moment zum andern die Spur und stapfte statt auf dem Weg im kalten Wasser der Suone weiter. Sie hielten ihn auf und fragten erstaunt nach seinen Beweggründen:

«Bleibe ich auf dem Weg und verliere das Gleichgewicht, so falle ich entweder ins Wasser oder stürze in die Tiefe. Wate ich in der Suone, so kippe ich entweder gegen die Felswand oder auf den Weg.»

Diesem weisen Entschluss hatten die Kollegen nichts beizufügen.

Im Herbst 1952 trank ich mit Tschoon einen Kaffee in der Polybar. Freudestrahlend erzählte er mir, dass die Stiftung für alpine Forschung wieder bereit sei, einer Vierergruppe von Schweizern die Teilnahme an der Zweiten Baffin Island Expedition 1953 in die Penny Highlands zu ermöglichen. Er meinte, dass das Quartett der vier Eidgenossen Hans Röthlisberger, Hans Weber, Jürg Marmet und mir eine gute Sache wäre.

Und so kam ich unversehens zu meinem sechsten Polarsommer.

**1953**

# Dankgottesdienst in der Missionskirche von Pangnirtung

Eskimofrauen nähen an einem Bärenfell

Vom 13. bis 19. Mai 1953 warteten wir auf unseren Flug zur Penny Icecap. Neben der Bereitstellung unseres Materials und unserer Verpflegung halfen wir tatkräftig mit, um die neue Spitalbaracke einzudecken. Nach Abschluss dieser Arbeiten lud uns der Leiter der anglikanischen Missionsstation zu einem Dankgottesdienst ein.

Die kleine Kirche war bis auf den letzten Platz besetzt. Vorn sassen die Eskimos, die hinteren Bänke waren für uns reserviert. An der Seite stand das Harmonium, das nach einer Anschrift im Jahre 1912 der Missionsstation in Pangnirtung von einer Kirchgemeinde in England geschenkt worden war.

Am Anfang des Gottesdienstes orientierte uns der Katechet über den Ablauf des Gottesdienstes. Nach Gebet und Eingangschoral würde er in der Eskimosprache eine kurze Predigt halten. Am Schluss würden wir gemeinsam ein Lied singen, das die Gemeinde in den vergangenen Tagen von uns gelernt und das allen ungemein gefallen hätte. Dann dankte er Hugh Thompson, der die Choräle zur Feier des Tages auf dem Harmonium begleiten würde.

Der Gottesdienst begann. Schon das Eingangslied stimmte uns heiter, weil eine Taste des alten Instruments defekt war und immer wieder ein einzelner Ton ausfiel. Alles in allem aber wurde der Eingangschoral langsam und feierlich gesungen.

Der Katechet wandte sich in seiner angesagten Kurzpredigt an seine Gemeinde. Wir Gäste räkelten uns auf den hinteren Bänken und warteten geduldig, als hinter uns völlig unerwartet eine Kuckucksuhr in Aktion trat und fröhlich die Stunde verkündete.

Schallendes Gelächter, in das der Katechet einstimmte und seine Predigt mit einigen wenigen Sätzen abschloss. Dann stimmte er den Schlusschoral an, den die Gemeinde von uns gelernt hatte: Es war die «Internazionale» auf Italienisch: «Banniera rossa, banniera rossa …»

Wir waren verblüfft. Nach dem Gottesdienst erklärte uns Adam Watson, unser schottischer Zoologe, den Sachverhalt. Er hatte vor der Expedition einige Monate in Mailand verbracht und dabei in linken Studentenkreisen Melodie und Text der «Internazionale» kennengelernt. In den letzten Tagen hätte er den Eskimos von Pangnirtung das Lied immer wieder vorgesungen und mit ihnen eingeübt.

# 1953

## Spuren im Sand

22. August 1953. Hans Röthlisberger treibt am Windy Lake Geologie der bequemen Art

Unsere viermonatige Expedition in der faszinierenden Berg- und Gletscherwelt der Penny Highland in Baffin Island näherte sich dem Ende. Der Geophysiker und Gletscherkundler Hans Röthlisberger (genannt «Tschoon») und ich hatten am 19. August das Basislager am Glacier Lake verlassen und die 60 km lange Wanderung durch das Weasel Valley zum Pangnirtung Fjord angetreten. Tschoon hatte unterwegs geologisch gearbeitet, während ich meine botanischen Untersuchungen zum Abschluss brachte.

Am 25. August verliessen wir unser letztes Lager am Crater Lake und trotteten mit unseren schweren Rucksäcken gemächlich der Küste zu. Wir querten eine sandbedeckte Terrasse, als wir unvermittelt auf die rätselhafte Fussspur eines Unbekannten stiessen. Wie wenn ein Mensch aus dem Himmel herabgestiegen wäre, begann die Spur im Sand, zog sich weiter in Richtung Küste. Die frischen Fussabdrücke liessen auf einen Menschen in Wanderschuhen schliessen, der kurz vor uns den Marsch angetreten hatte.

Wir beschleunigten unsere Schritte, folgten der Fährte und hofften, den «Boten aus dem Himmel» noch einzuholen. Nach einer Viertelstunde hielten wir verblüfft an. Die Spur verlor sich im Nichts. War der Engel wieder gen Himmel gefahren?

Wir drifteten in ein philosophisches Gespräch ab. Was ist der Mensch?

Und wir meinten: Er kommt vom Himmel, er geht zum Himmel und zieht dazwischen auf der Erde seine vergänglichen Spuren in den Sand.

Erst eine Woche später erfuhren wir in der Eskimosiedlung Pangnirtung die Hintergründe der seltsamen Geschichte.

Über Funk hatte der Kapitän des Versorgungsschiffes «C.D. Howe» am frühen Morgen des 25. August die Meldung erhalten, dass die ersten Mitglieder unserer Expedition am gleichen Tag an der Küste eintreffen würden. Kurz entschlossen flog der Schiffsarzt mit dem Helikopter der «C.D. Howe» zum Delta des Weasel River, um nach uns Ausschau zu halten. Nach der Landung wanderte er ein Stück weit zu Fuss und liess sich dann – ohne Erfolg – wieder an Bord des Hubschraubers nehmen.

**1953**

## Die Geschichte von den «Schwartzenbach Falls»

**A**m 25. August 1953 bummelten Tschoon Röthlisberger und ich gemütlich dahin. Wir waren auf dem letzten Wegstück unserer langen Erkundungsreise durch das Weasel Valley vom Crater Lake zur Küste. Irgendwann unterhielten wir uns über die Frage, wie denn die offizielle Kommission mit unseren Vorschlägen über Namen von Gletschern, Gipfeln und Tälern umgehen würde. Ich fragte Tschoon, was wohl geschähe, wenn wir den spektakulären Wasserfall über unserem letzten Lager nach meinem Namen «Blackriver Waterfall» taufen würden. Wir wussten beide, dass die Namenkommission keine Ortsbezeichnung mit dem Namen lebender Zeitgenossen akzeptieren würde.

Wir wagten das Experiment und leiteten unseren Vorschlag ohne jede Begründung an Pat Baird weiter.

Die Jahre vergingen. Von den Entscheiden der Namenkommission erfuhren wir nichts. Dann aber überraschte mich ein Brief eines deutschen Kollegen. Bei einer geführten Gruppenreise zu den Gletscherseen Glacier Lake und Summit Lake fand er auf der offiziellen Karte des Auyuittuk National Parks den Namen «Schwartzenbach Falls» verzeichnet. Er fragte mich nach den Hintergründen dieser Namensgebung, weil er von meiner Teilnahme an der Baffin Island Expedition 1953 wusste.

Im Sommer 2008 präsentierte Hans Weber unseren neuen Film über die Baffin Island Expedition 1953 den Inuits in Pangnirtung. Kurz darauf bat mich der Informationschef des Nationalparks um eine Kopie des Films. Gleichzeitig stellte er mir folgende Frage: «Stimmt die Vermutung, dass sich der Name «Schwartzenbach Falls» auf die gleichnamigen Wasserfälle im Berner Oberland bezieht, in denen Conan Doyle seinen Buchhelden Sherlock Holmes ertrinken lässt?»

Zu schön ist diese Geschichte, um wahr zu sein. Der Name «Schwartzenbach Falls» hat nichts – aber auch gar nichts – mit den Giessbachfällen am Brienzersee zu tun.

## 1953

## Begegnung mit Alf Erling Porsild und Geoffrey Hatterley-Smith im National Herbarium in Ottawa

A.E. Porsild im Arktischen Herbarium Ottawa

In einem längeren Gespräch anerbot mir Alf Erling Porsild, Konservator des National Herbariums in Ottawa, die Pflanzen meiner Sammlung zu bestimmen. Er erklärte sich zu diesem kollegialen Freundschaftsdienst bereit, als ich auf das Fehlen von Vergleichsmaterial in schweizerischen Herbarien hingewiesen hatte.

Beim Lunch unterhielt mich Porsild mit amüsanten Anekdoten aus seinem bewegten Forscherleben in Grönland und in der kanadischen Arktis, als unversehens der dänische Geologe Geoffrey Hatterley-Smith in die Cafeteria stürmte. Er schwenkte einen Koniferenzapfen in der Hand, den er vor einigen Wochen zufällig auf dem Schelfeis vor Ellesmere Land entdeckt hatte und wollte wissen, was Porsild von seinem ungewöhnlichen Fund halte.

Es war nicht seine einzige Neuigkeit. Brühwarm unterbreitete er uns die Geschichte, dass er an der Nordküste von Ellesmere Land einen Steinmann mit einem Depot entdeckt habe, das 1908 für den amerikanischen Polarforscher Robert Edwin Peary angelegt worden war.

Nach diesem Intermezzo führte mich Hatterley-Smith in sein Büro in einem anderen Block des Regierungsviertels. Beim Tee zeigte er mir die Fundstücke aus dem Depot:

- 1 Bericht über die Anlage des Depots

- 1 Liebesbrief von Peary's Braut

- 1 Paar rote von Füchsen (?) zerfressenene Kniestrümpfe

- 1 Blechkanister mit Pemmikan

Dann rückte er mit einer Glanzidee heraus: Er möchte bei der nächsten Zusammenkunft dänischer Polarforscher in Kopenhagen seinen Kollegen eine Kostprobe des Pemmikans von 1908 servieren. Er wage das Experiment aber nur, wenn ihm von einem Experten die Geniessbarkeit des Pemmikans attestiert werde.

Ich erklärte mich bereit, auf Grund meiner Erfahrungen aus Grönland, eine Kostprobe zu begutachten. Wir brachten den Primuskocher in Gang und brauten eine Pemmikan-Suppe, die nach gründlicher Würze ausgezeichnet schmeckte.

Monate später las ich in einer Zeitung unter «Kuriosa», dass ein dänischer Polarforscher bei einer Party seinen Kollegen Pemmikan aus einem für Peary bestimmten Depot von 1908 serviert habe, der zuvor von einem renommierten Experten auf seine Bekömmlichkeit geprüft worden sei.

«Experte für Pemmikan» – welch schöne Erweiterung meines beruflichen Wirkens.


PS. Pemmikan ist eine sehr gehaltvolle und lang haltbare Mischung aus Dörrfleisch, Fett und verschiedenen Gewürzen. Als energiereicher Reiseproviant wird es von den alten Indianern bis zu heutigen Polarexpeditionen genutzt. Sein Hauptbestandteil, das Dörrfleisch, ist bei vielen Nomaden bekannt und ergibt zum Beispiel mit heissem Wasser eine nahrhafte Suppe.

**1956**

## Übernahme des Materiallagers der «British North Greenland Expedition 1952–1954»

28. Juli 1956 Stationsgehilfe Busk vor dem Kerosin-Lager in Zackenbeerg

In meinem Tagebuch von 1954 steht lakonisch: «*Am 28. Juli 1956 fliege ich mit dem Kochgehilfen Busk von Ella Ø nach Zackenberg, um das hinterlassene Materiallager der ‹British North Greenland Expedition 1952–1954› zu übernehmen, das Aage Delemos für den Pauschalbetrag von DDK 6000 gekauft hatte.*»

Die British North Greenland Expedition unter Leitung von Commander James Simpson war im Juli 1952 aufgebrochen. Zwei Schiffe brachten das Material (68 Tonnen) von Grossbritannien zur Bucht von Zackenberg am Young Sund in Ostgrönland. Von diesem Umschlagsplatz aus flogen Sunderland-Flugboote die Fracht zum Britannia Lake in Dronning Luise Land am Rand des Inlandeises (78°N).

Im August 1954 wurde die Station am Britannia Lake abgeräumt und das Material nach Zackenberg geflogen. Am 22. August sollte das Material auf ein Schiff umgeladen werden. Weil aber ein Sturm das Treibeis an der Aussenküste südwärts getrieben hatte und den Eingang des Young Sound zu blockieren drohte, wurde die Mannschaft notfallmässig evakuiert und das Material dem Schicksal überlassen.

Am 28. Juli 1956 standen Busk und ich vor dem wirren Haufen an Expeditionsmaterial. Auf einer Sperrholztafel stand in grossen Buchstaben die Mahnung «Brush up your cups yourself – please». Eine für sich selber sprechende Erinnerung an den überhasteten Aufbruch vom 22. August 1954.

Wir stiessen in einem der Expeditionshäuser auf ein Proviantlager mit mehr als 20 000 Rationen Armeeverpflegung. Weit mehr aber freuten wir uns über die 480 Fässer mit schätzungsweise 96 000 Litern Flugpetrol. Kein Wunder, dass wir beschlossen, die Basis für die geplanten Fotoflüge nach Zackenberg zu verlegen.

Wir haben den Sommer vom 21. Juli bis 31. August ausgenützt: 148 Flugstunden mit den «Norseman»-Wasserflugzeugen und 2500 Luftbildern mit den beiden K20-Flugkameras. Wir hatten Glück: Die Aufnahmen waren durchgehend von hoher Qualität, obwohl wir keine Möglichkeit hatten, die Negative vor unserer Rückkehr zu entwickeln.

**1956**

# Zu Besuch auf der Wetterstation Daneborg

19. August 1956 Wir ankern bei der Wetterstation Daneborg

Endlich bot sich die Gelegenheit, der Mannschaft der Wetterstation Daneborg für ihre Hilfe bei unseren Fotoflügen zu danken. Waren wir in der Luft, so gab unser Funker jede Viertelstunde unsere Position durch, um bei einem Notfall das Suchgebiet für Rettungseinsätze grob eingrenzen zu können.

So wasserten wir am späten Nachmittag des 19. August 1956 zwischen Treibeisschollen vor Daneborg und ankerten mit unserem «Norseman-Hydroplane» beim Landesteg der Wetterstation. An Land regte sich niemand. So brach denn die Flugbesatzung zu einer Erkundungstour in der Umgebung auf, während John Haller und ich das komfortabel eingerichtete Wohnhaus betraten.

Keine Reaktion auf unser Rufen. Wir hörten ein seltsames Geräusch aus dem Esszimmer, stiessen die Tür auf und sahen vor uns ein blökendes Moschuskalb, das mit einer Leine am Fuss eines Kanapees festgebunden war. Erstaunt und verblüfft betrachteten wir diese skurrile Szene, dann lachten wir schallend heraus.

Eine halbe Stunde später kehrten die Hausherren von einem Jagdausflug zurück und klärten uns über die Hintergründe der seltsamen Geschichte auf: Sie hatten vor einigen Tagen irrtümlicherweise eine führende Moschuskuh erlegt. Aus Mitleid fingen sie das plärrende Kalb ein und brachten es zur Station. Um das Jungtier vor den Angriffen der Schlittenhunde zu schützen, brachten sie das Kalb einstweilen in der Wohnung unter. Ende August sollte der kleine Moschus mit dem Versorgungsschiff nach Süden reisen und im Zoo von Kopenhagen ein neues Zuhause finden.

Bis spät in die Nacht sassen wir zusammen und schwatzten über die Ereignisse und Erlebnisse des Sommers. Irgendwann einmal fragte uns beiläufig der Funker, weshalb wir am 11. August mehr als zwei Stunden über dem Kap Ehrenberg gekreist hätten.

Wir waren perplex. Der Funker holte sein Logbuch. Tatsächlich: Die viertelstündlichen Einträge lauteten sehr ähnlich:

Nördlich Kap Ehrenberg, über Kap Ehrenberg, westlich Kap Ehrenberg, östlich Kap Ehrenberg, usw.

Schliesslich fanden wir die Erklärung: Unser Telegrafist hatte an diesem Tag irrtümlich die alte Karte der Deutschen Nordpolarfahrt 1868/69 mitgenommen, auf der am Kopf des Tyrolerfjords als einzige Ortsbezeichnung «Kap Ehrenberg» eingetragen war. Dass wir an diesem Tag weit hinein gegen das Inlandeis am Wordie Gletscher geflogen waren, ging aus den Akten der Wetterstation Daneborg nicht hervor.

**1958**

## Besuche von Prof. Blaurock (Ostberlin) in Bern

Hotel «Bären» Ostermundigen

Mitte der 1950er-Jahre bat mich Medizinprofessor Blaurock aus Ostberlin um Sonderdrucke meiner Arbeiten und äusserte den Wunsch, mich persönlich kennenzulernen. Er würde mich gerne in Bern besuchen, doch müsste ich ihm aus administrativen Gründen eine formelle Einladung zukommen lassen.

Nach dem Ungarn-Aufstand 1956 galt in der Schweiz die Devise, Kontakte mit Personen aus dem Ostblock konsequent zu meiden. Weil mir aber an den Besuchen von Prof. Blaurock viel gelegen war, suchte und fand ich Rückendeckung beim Aussendepartement.

1958 kam Blaurock zum ersten Mal nach Bern. Ich empfing ihn am Bahnhof, brachte ihn in ein ruhiges Hotel und lud ihn zum Mittagessen ins Hotel «Bären» in Ostermundigen ein. Bei einem Spaziergang auf der Berner Allmend orientierte er mich über die Methoden, mit denen er vom ostdeutschen Geheimdienst überwacht werde.

Auch wenn er als international vernetzter Wissenschaftler das Privileg habe, von Zeit zu Zeit in den Westen reisen zu dürfen, wäre er ständig im Visier der Geheimpolizei Stasi:

- Seine Auslandpost werde konsequent geöffnet und zensuriert.
- Seine Auslandtelefone würden von Zeit zu Zeit abgehört. In diesem Fall würde er mich bei einem Anruf warnen, indem er am Anfang des Gesprächs mit einem Wortschwall mitteile, dass er diesmal keine Zeit habe und den Hörer dann gleich aufhänge.
- Bei Reisen ins Ausland erhalte er die nötigen Devisen um das Hotel zu bezahlen und Gäste einzuladen. Aus den Quittungen erfahre die Stasi, in welchen Häusern er mit Ausländern verkehrt habe.

Und zum Schluss bekräftigte er meine Vermutung, dass die Stasi selbstverständlich ein Dossier über mich als Kontaktperson von DDR-Bürgern angelegt habe.

Im Verlauf meines Lebens bin ich wiederholt ins Visier ausländischer Geheimdienste geraten und habe gelernt, mit dieser Tatsache zu leben. Verdächtig waren wohl meine persönlichen Begegnungen mit Exponenten aus höchsten Kreisen in Österreich, Jugoslawien, Russland, Bhutan, Indien und Pakistan. Ob ich auch über die unseligen Machenschaften des Schweizerischen Aufklärungsdienstes (SAD) unter dem umtriebigen Leiter Cincera im eigenen Land fichiert worden bin, kann ich nur vermuten.

## 1960

## Die Steinbockhörner im Kloster Engelberg

Hans Rudolf Schinz verfasste 1820 das «Neujahrsblatt für die reifere Jugend» der Naturforschenden Gesellschaft in Zürich mit dem Titel «Der Steinbock». Er schilderte das Aussehen und die Lebensweise des Alpensteinbocks und beklagte, dass die Art wohl bald aussterben würde.

Eingefügt in das Neujahrsblatt ist eine köstliche Geschichte über zwei Steinbockhörner, die von Engelberger Gemsjägern auf dem ausapernden Spannortgletscher gefunden und im Kloster Engelberg abgegeben worden waren.

Der Fund erregte Aufsehen. Die Ordensleute liessen daher die beiden Hörner durch einen anerkannten Fachmann in Frankfurt am Main untersuchen. In seinem Bericht war zu lesen, dass die beiden Fundstücke zweifelsfrei von zwei verschiedenen Böcken stammten. Zum Beweis fügte der gelehrte Mann in einer Fussnote die akribisch erfassten Messdaten der beiden Belegstücke an. Seine Angaben waren so präzis, dass mit ihrer Hilfe auch 140 Jahre später die beiden Hörner identifiziert werden könnten, sofern man sie irgendwo finden sollte.

Im Neujahrsblatt steht ferner, dass der Experte aus Frankfurt die beiden Hörner an das Naturalienkabinett des Klosters Engelberg zurückgeschickt habe.

So besuchte denn der junge Zürcher Historiker Peter Ziegler im Jahre 1960 das Kloster Engelberg um nach den beiden Hörnern zu suchen. Im Naturalienkabinett waren sie nicht zu finden, doch erinnerte sich der Kustos, die beiden Sammelstücke irgendwann und irgendwo einmal gesehen zu haben.

Schliesslich wurden sie fündig. Die beiden Hörner lagen in der Requisitenkammer des Schultheaters: Das erste Horn war tiefrot, das zweite grell grün angestrichen, weil sie in einem Spiel dazu gedient hatten, den Teufel augenfällig darzustellen.

1961

## Tagung auf Schloss Lenzburg zum Thema «Informationspolitik über Strahlenfragen»

Eine Tagung mit unverfänglichen Thema, aber ungewöhnlicher zeitpolitischer Brisanz.

Im Frühjahr 1962 stand die Initiative gegen eine atomare Bewaffnung der Schweiz zur Abstimmung an. Im Vorfeld dieses Plebiszits wurde auf Weisung des Generalstabchefs allen Einheitskommandanten eine Informationsbroschüre mit Argumenten gegen diese armeefeindliche Initiative zugestellt. Leider fanden sich im Text viele Passagen mit naturwissenschaftlich unhaltbaren Aussagen.

In der Informationsschrift fehlten die Namen der Autoren. So wandte ich mich in einem Brief direkt an den Generalstabchef mit dem Vorschlag, ein Gespräch zwischen Strahlenforschern und Armeevertretern zu organisieren.

Der Brief blieb unbeantwortet. Ich bat daher den Präsidenten der Neuen Helvetischen Gesellschaft um Schützenhilfe, weil er meines Wissens mit dem Ausbildungschef der Armee befreundet war. Diesmal klappte der Vorstoss.

Auf Einladung von Martin Meyer, Leiter des Stapferhauses auf Schloss Lenzburg, fand sich die Gesprächsrunde zusammen. Die Delegation der Feldgrauen zählte ein halbes Dutzend hochrangige Offiziere mit Gustav Däniker, dem späteren Divisionär und Militärstrategen des damaligen EMD an der Spitze.

Auf unserer Seite nahmen teil:

- Hedi Fritz-Niggli, Professorin für Strahlenbiologie
  an der Universität Zürich

- Ernst Schumacher, Chemiker mit vertieften Kenntnissen
  der Strahlenphysik

- Gerhart Wagner, Sektionschef für Strahlenschutz
  im Eidg. Gesundheitsamt

– Martin Meyer, Stapferhaus Lenzburg

– Fritz Hans Schwarzenbach als Gesprächsleiter

Die Zusammenkunft begann in frostiger Atmosphäre, die goldgeränderten Herren schätzten es offensichtlich nicht, von ganz oben abkommandiert worden zu sein.

Ich stellte die Eintrittsfrage:

*Wie würde die Armee reagieren, wenn morgen der «Blick» seinen Leitartikel mit der Überschrift titeln würde: «Die neuen Sturmgewehre weisen radioaktive Bestandteile auf»?*

Betretenes Schweigen, als Gerhart Wagner erklärte, dass Korn und Visier des neuen Sturmgewehrs mit einer Schicht radioaktiven Strontiums versehen werden sollten, um die Zielvorrichtung in der Nacht zum Leuchten zu bringen.

Gerhart Wagner war auf diese Sache gestossen, weil er als Sektionschef für Strahlenschutz eine ungewöhnlich grosse Sendung von radioaktivem Strontium zum Import durch das Militärdepartement hätte freigeben sollen.

Auf seine persönliche Intervention wurde inzwischen die Nachtzielvorrichtung abgeändert, indem anstelle von Strontium radioaktives Tritium verwendet wird, das strahlenbiologisch als unproblematisch gilt.

Dieser Sachverhalt war unseren Gästen völlig unbekannt. Sie interessierten sich daher zunehmend für die technischen Einzelheiten, fragten nach Erklärungen der strahlenbiologischen Wirkungen und fanden das Angebot der Strahlenforscher nicht abwegig, ihre Informationskampagne zur Bekämpfung der Initiative gegen eine atomare Bewaffnung der Schweizer Armee auf allfällige Fehler abklopfen zu lassen.

Sie hielten Wort. Nach dem Mittagessen orientierte uns ein Mitarbeiter der Werbeagentur Rudolf Farner (Zürich) über das Konzept ihrer Informationskampagne. Er machte klar, nach welchen Überlegungen das Werbebüro das Ergebnis von Volksabstimmungen im Sinne des Auftraggebers zu beeinflussen versucht. Das Rezept baut auf folgenden Elementen auf:

Als erstes gilt es, die Zahl der zu beeinflussenden Stimmbürger zu ermitteln. (Stand 1962, vor Einführung des Frauenstimmrechts):

- Anzahl Stimmberechtigte: 2 400 000

- Maximal zu erwartende Zahl der Stimmberechtigten: (50 %) 1 200 000

- Weil je 25 % der Stimmenden unbeeinflussbar entweder «ja» oder «nein» stimmen, heben sich diese Quoten auf und es verbleiben 600 000 unentschiedene Stimmbürger.

- Um das Ergebnis im Sinne des Auftraggebers zu erhalten, müssen 300 000 + 1 Stimmbürger gewonnen werden.

- Schweizer sind relativ widerspenstig gegen Werbebotschaften; nach Erfahrungen des Werbebüros braucht es sieben Einsätze (Inserate, Plakate, Broschüren, etc.), verteilt über mehrere Monate, um den Stimmbürger zu gewinnen (7 × 300 001 = 2 100 007).

- Bei Kosten von Fr. 0.07 errechnet sich ein Betrag von Fr. 147 000.–.

Und die Pointe: Der Betrag war dem Werbebüro Farner von Armeefreunden bezahlt worden. Mit diesen Worten legte der Sprecher das schriftliche Konzept für die Abstimmung auf den Tisch.

Damit hatte ich den Beweis in den Händen, wie eine Gruppe rechts gerichteter Kräfte nicht davor zurückschreckte, Abstimmungen auf Bundesebene mit Hilfe einer Werbeagentur schamlos zu manipulieren.

**1961**

# Einladung als Gastdozent an das Indian Statistical Institute in Calcutta

Indian Statistical Institute in Calcutta

Mit einem Kollegen hatte ich ein Treffen im Hauptbahnhof Zürich vereinbart. Unerwartet schnappte er mich am Perron ab und teilte mir mit, dass er leider eine andere Verpflichtung wahrnehmen müsse.

Kurzerhand änderte ich mein Programm. Die Zeit reichte noch, um den Vortrag des weltberühmten indischen Statistikers P. C. Mahalanobis im Biometrischen Seminar der ETH zu hören.

Der Organisator, Professor Arthur Linder, freute sich über mein Erscheinen. Er zog mich auf die Seite und bat mich, mit dem Referenten nach dem Vortrag noch eine halbe Stunde zusammenzusitzen, da er noch eine Besprechung vereinbart habe.

Mahalanobis zog mich mit seiner gewinnenden Art sehr rasch in seinen Bann. Wir diskutierten angeregt über Anwendungen der mathematischen Statistik in Biologie und Medizin, als er mich unvermittelt zu einem sechswöchigen Aufenthalt als Gastdozent an sein Institut einlud. Nach einer mehrtägigen Bedenkzeit sagte ich zu und flog Mitte November mit der Air India nach Calcutta.

Rückblickend erscheint mir der Aufenthalt in Indien als ein Kaleidoskop überraschender Begegnungen und Ereignisse, wie ich mir sie nie hätte träumen lassen.

**1961**

## Als Ehrengast des indischen Oberfeldarztes bei einem militärischen Empfang

Der indische Oberfeldarzt Viersterngeneral Bathia

Am dritten Samstag meines Aufenthaltes am Indian Statistical Institute besuchte ich das Bose Institute, dessen Gründung auf den indischen Botaniker Bose zurückgeht, der mit seinen bahnrechenden Experimenten die Öffnungs- und Schliessbewegungen der Mimosenblätter untersucht hatte.

Unerwartet fragten zwei Offiziere in Uniform nach mir. Sie überbrachten mir die persönliche Einladung des Viersterngenerals Bathia, seines Zeichens Oberfeldarzt der indischen Armee. Er erwarte mich um halb acht Uhr in seiner Stadtwohnung. Ich gab ihnen zu bedenken, dass ich als Gast des Statistischen Instituts nur zusagen könne, wenn die Institutsleitung einverstanden sei.

Diese Formalität wurde umgehend abgeklärt. So holten mich denn die beiden Commander mit ihrem Militärjeep um sechs Uhr abends ab.

General Bathia empfing mich zum Tee in seiner Wohnung. Er fragte mich nach meinen ersten Eindrücken über Indien und eröffnete mir kurz darauf, dass er mich als Ehrengast an einen Empfang hochrangiger Offiziere mitnehmen würde.

Vor dem Haus wartete sein Dienstwagen. Der General liess seine Standarte hissen. Wir nahmen im Fond der Limousine Platz. Vor und hinter uns reihte sich je eine Eskorte auf Motorrädern ein, die uns mit Blaulicht und Warnsirenen durch den Feierabendverkehr lotsten.

Ziel unserer Fahrt war ein feudaler Landsitz mit grossem Park. Der Fahrer stoppte den Wagen. Vor uns beiden ein langer roter Teppich, der zur Eingangshalle führte, in der die Offiziere in Begleitung ihrer Damen auf unsere Ankunft warteten. Rechts von uns brachte sich ein grosses Militärspiel in Position. Der Dirigent hob den Taktstock und liess die indische Nationalhymne in den Abendhimmel schmettern. Die Offiziere hörten dem Spiel salutierend zu.

Nach üblichem Zeremoniell sollte jetzt die Schweizer Nationalhymne folgen. Noch rechtzeitig konnte ich den Dirigenten überzeugen, dass die Melodie von «Rufst du mein Vaterland» mit der britischen «God save the Queen» übereinstimme. Es wäre meines Erachtens ein Affront gegenüber dem neuen unabhängigen Indien von 1961. Ich würde daher einen indischen Militärmarsch vorziehen. Mein Gastgeber gab mir zu verstehen, wie sehr er meine kleine Geste schätze.

Wir schritten zum Takt der Musik über den roten Teppich. General Bathia liess sich die eingeladenen Offiziere einzeln vorstellen. An meiner Seite führte mich mein Begleiter Commander Malhotra bei der Gesellschaft ein.

Ich befand mich in einer merkwürdigen Lage. Alle waren offensichtlich über mich und meine Einladung als Ehrengast informiert, ohne dass ich selber wusste, warum man mich hierher gelotst hatte. Ich konnte nur hoffen, dass das Rätsel sich in den kommenden Stunden lösen würde.

Auf einen ausgedehnten Apéro folgte ein echtes indisches Dinner, wobei mir Commander Malhotra beratend zur Seite stand und mich vor allzu scharf gewürzten unbekannten Speisen warnte.

Gegen zwei Uhr nahm mich ein hoher Offizier auf die Seite und klärte mich auf. Bei meiner Odyssee durch das Hauptzollamt von Calcutta (ich musste mein Elektrophorese-Gerät persönlich auslösen und verzollen) hätte ein Mitarbeiter mit bergsteigerischen Interessen von mir erfahren, dass ich bei der Schweizerischen Stiftung für alpine Forschung in Zürich angestellt sei und meinen Militärdienst als Alpinoffizier einer Gebirgsdivision leiste. Er realisierte, dass ich aufgrund meiner Stellung und meine Erfahrungen eine wichtige Auskunftsperson sein könnte und meldete meine Anwesenheit der indischen Armeeleitung.

Mit meiner Einladung hoffte man, Aufschluss über mögliche Kooperation zwischen Indien und der Schweiz zu erhalten. Es ginge darum, Erfahrungen über Ausrüstung und Ausbildung von Gebirgstruppen und den Einsatz von Helikoptern auszutauschen.

Ich versprach ihm, die Angelegenheit den zuständigen Stellen nach meiner Rückkehr in die Schweiz zu unterbreiten.

Eine Stunde später fragte mich Commander Malhotra, ob ich am nächsten Tag General Bathia zu einer mehrtägigen Konferenz des indischen Verteidigungsministeriums nach Darjeeling begleiten könne. Ich erklärte ihm, dass ich nur mit ausdrücklicher Erlaubnis der Direktion des Statistischen Instituts entscheiden könne.

Nur Stunden später lag die Bewilligung vor. Welche Motive die Institutsleitung bewogen hatten, mich für eine Woche freizustellen, entzog sich meiner Kenntnis.

*1961*

## Teilnahme an einer Sitzung des indischen Verteidigungsministeriums in Darjeeling

Gattin von Norkay Tenzing, Staatssekretär H.C. Sarin, Brigadier Gyan Singh

Am nächsten Morgen flog ich an der Seite von General Bathia als VIP von Calcutta nach Bagdroga. Wir wurden von einem Shik-General auf dem Flugplatz abgeholt. Der Fahrer des Dienstwagens wurde nervös, als er den Viersterngeneral erkannte. Nach einem abrupten Start würgte er den Motor ab, nachdem er beinahe einen weidenden Esel gerammt hatte. Sein Chef stieg aus und stellte seinen Fahrer energisch in den Senkel.

Ich genoss die Fahrt nach Darjeeling. Mehrmals wurden wir angehalten, weil ein Zug der legendären Darjeeling Railway die Strasse kreuzte. Nach gut zwei Stunden hielten wir vor dem Eingang des Indian Mountaineering Institute (HMS) an, das 1954 dank der persönlichen Initiative von Pandit Nehru gebaut worden war. Bekanntlich war der Anstoss zur Gründung des HMS von der Schweizerischen Stiftung für Alpine Forschung ausgegangen. In einem Memorandum an Präsident Pandit Nehru waren damals die Vorschläge unterbreitet worden, die der Schweizer Bergführer Arnold Glatthard nach einer Erkundungsexpedition ausgearbeitet hatte.

General Bathia und ich wurden von H. C. Sarin begrüsst, der als Staatssekretär des Verteidigungsministeriums als oberster Chef des HMS amtete.

Ich bezog ein Zimmer im Haus von Norkay Tenzing und wurde von Pembe Tenzing herzlich begrüsst. Nach einem Tee konnte ich mich im Institut umsehen, bevor ich gegen Abend zur angekündigten Sitzung gerufen wurde.

Man kam gleich zur Sache:

– Indien rechnete mit einem baldigen Vorstoss der chinesischen Armee auf breiter Front über die Pässe an der Wasserscheide des Himalaya.

– Indien hatte bereits grosse Truppenverbände (meist Truppen aus tiefliegenden Regionen) in Hochlagen zwischen 4000 und 5000 m Höhe verlegt.

– Ein Grossteil dieser Soldaten litt an Höhenbeschwerden.

- In dieser prekären Situation suchte das Verteidigungsministerium internationale Hilfe und plante eine Konferenz von Wissenschaftlern, Bergsteigern, Höhenmedizinern und Offizieren mit Gebirgserfahrung.

- Von mir wurde erwartet, dass ich den Initianten einer solchen Konferenz bei der Nomination der einzuladenden Teilnehmer helfen würde.

H. C. Sarin bringt mich persönlich nach Calcutta zurück. Auf der ganzen Reise führen wir ein offenes, freundschaftliches und höchst aufschlussreiches Gespräch:

- Indien hat in den Himalaya-Randstaaten Nepal und Sikkim eine militärische Sperrzone durchgesetzt. Diese Massnahme erklärt mir, weshalb die nepalesische Regierung in letzter Zeit Expeditionsgesuche ohne Angabe von Gründen abgelehnt hat. Auf meine Bitte zeichnet mir Sarin den Verlauf der Sperrzone auf einer Kartenskizze ein.

- Sarin orientiert mich über den Aufbau eines geheimen Ausbildungszentrums der indischen Armee in Lee, das Offiziere und Soldaten nach den Programmen der HMS in Darjeeling ausbildet.

- Über die Spannungen im pakistanisch-indischen Grenzgebiet schweigt er sich aus.

- Sarin lobt ausdrücklich die Schweizerische Stiftung für alpine Forschung mit der erfolgreichen Förderung der Sherpas.

- Er orientiert mich eingehend über die Einzelheiten der bevorstehenden indischen Everest-Expedition unter Leitung von Commander Kohli.


PS. Die vorgesehene Konferenz hat nicht stattgefunden, weil wenige Monate später der indisch-chinesische Grenzkonflikt mit chinesischen Übergriffen auf indisches Territorium ausgebrochen war.

**1961**

## Mittagessen mit dem bhutanesischen Königspaar im Hotel «Wysses Rössli» in Schwyz

**Vorgeschichte:** Augusto Gansser, Professor für Geologie an der ETH Zürich arbeitete an den letzten Kapiteln seines grossen Buches über die Geologie des Himalaya. Er fragte mich, wie und wo er eine Bewilligung für eine Forschungsreise in das damals verbotene Land Bhutan erhalten könnte.

Ich wandte mich an den Zuger Fotografen Armin Haab, von dem ich wusste, dass er Bhutan bereist hatte. Er erklärte mir, dass für eine Reise nach Bhutan eine Einladung durch den König notwendig sei und verwies mich an das Ehepaar Fritz von Schulthess-Rechberg in Cham, das mit dem Königspaar eng befreundet sei.

Bei einem Gespräch in Zürich zeigte sich Fritz von Schulthess ausserordentlich interessiert und bot mir an, Augusto Gansser und mich beim Königspaar persönlich einzuführen. Wenige Wochen später kam die Einladung zu einem gemeinsamen Mittagessen im Hotel «Wysses Rössli» in Schwyz.

Frühzeitig meldete ich mich beim Direktor des Hotels, um mich zu überzeugen, ob die Vorbereitungen unseren Weisungen entsprachen. Die Aufregung im Haus war gross, kommt doch nicht alle Tage ein echtes Königspaar zu Besuch. Alles war bereit. Auf Wunsch der Gastgeber schärfte ich dem Direktor nochmals ein, nach aussen volle Diskretion zu wahren.

Ich trank noch einen Kaffee im Restaurant. Die Kellnerin war neugierig und fragte mich durch die Blume, wer denn die illustre Gaschtig sei. Auf meine Antwort: «Ein König und eine Königin» fuhr sie mich schnippisch an: Sie liesse sich von mir keinen Bären aufbinden.

Pünktlich fuhren die Gäste vor. Die Königin und der König in ihrer Landestracht wurden mit ausgesuchter Höflichkeit empfangen und in das reservierte Säli geleitet. Das Ehepaar von Schulthess, Augusto Gansser und ich folgten den beiden.

Die Kellnerin von vorher war höchst aufgeregt. Sie stolperte, als sie die Suppe auftragen wollte. Das Malheur lief glimpflich ab. Die Königin schenkte der Kellnerin ein versöhnliches Lächeln.

Der Anlass verlief harmonisch. Das Königspaar liess sich von Augusto Gansser über seine Arbeiten und die geplante Expedition orientieren und hiess den Geologen mit seinen Mitarbeitern als persönliche Gäste in Bhutan herzlich willkommen.

Gegen drei Uhr kehrten die Gäste nach Cham zurück. Gansser fuhr mit seinem Wagen nach Zürich. Ich regelte noch mit dem Direktor die administrativen Formalitäten und verabschiedete mich mit einem herzlichen Dank für die tadellose Organisation des Anlasses.

Ich fuhr mit dem Zug nach Wädenswil. Kaum hatte ich die Haustüre geöffnet, rief mich ein Redaktor der Schweizerischen Depeschenagentur an und fragte nach dem Zweck der Gespräche mit dem Königspaar aus Bhutan.

Er hatte meine Adresse vom SDA-Korrespondenten in Schwyz erhalten, der in seinem Büro neben dem «Wyssen Rössli» die Neuigkeit brühwarm von der Kellnerin erhalten hatte. Es brauchte einige Zeit, um den Redaktor zu überzeugen, von einer Agenturmeldung abzusehen.

**1962**

## Gründung des WWF: Vorbereitende Sitzung in Zürich

Der WWF wurde gemäss Stiftungsurkunde am 11. September 1961 in Zürich gegründet. Wenige Tage vor der notariellen Beurkundung fand in Zürich die letzte vorbereitende Aussprache statt.

Wir trafen uns zu viert im Büro von Karl Weber, dem Präsidenten der Schweizerischen Stiftung für alpine Forschung. Als Vertreter der Stifter des WWF war Luc Hoffmann angereist. An seiner Seite der Zürcher Rechtsanwalt Hans Hüssy, der das Stiftungskonzept ausgearbeitet hatte.

Luc und ich sind Duzfreunde aus der Studienzeit.

Hans Hüssy orientierte uns eingehend über die geplante Stiftung WWF, die er in den nächsten Tagen öffentlich beurkunden wollte. Sein Problem: Er suchte ein Stiftungsdomizil in Zürich und fragte uns deshalb, ob wir dem Geschäftsführer des WWF in unserem Sekretariat im «Old Inn» am Bleicherweg einen Arbeitsplatz einräumen könnten.

Karl Weber und ich begrüssten den Vorschlag und erwarteten die baldige Ankunft des vorgesehenen Geschäftsführers Roland Wiederkehr in unseren Büroräumen.

**1964**

## Kauf des Tessinerhauses

Für die Heimreise von Zürich nach Clavadel besorgte ich mir am Kiosk die NZZ. Entgegen meinen Gewohnheiten warf ich auch einen Blick auf die Immobilienseite und fand zu meinem Erstaunen, dass das Nachbarhaus neben unserer früheren Wohnung in Küsnacht zum damals horrenden Preis von Fr. 160 000.– ausgeschrieben war.

Ich steckte das Blatt ein und legte es zu Hause für Hedi auf den Tisch. Sie las die Annonce. Wir plauderten kurz über unsere Zeit in Küsnacht, als sie überrascht auf ein weiteres Inserat hinwies: In Val Maglia sei ein Rustico zum Preis von Fr. 45 000.– ausgeschrieben. Es wäre doch interessant, dieses Haus einmal anzusehen.

Wir holten die Tessinerkarte hervor. «Val Maglia» fanden wir nicht, dafür aber die Ortschaft «Malvaglia» im Valle di Blenio.

Am Morgen rief ich zeitig den Makler an, der seine Nummer im Inserat angegeben hatte. Wir vereinbarten für den nächsten Tag ein Treffen in Biasca.

Die Abmachung klappte. Die Überraschung war beidseits gross, als sich herausstellte, das der Makler seinen Militärdienst als Stabssekretär in unserer Gebirgsdivision leistete.

Wir fuhren zum Weiler Gheggio in Semione zum sogenannten «Rustico», einem dreistöckigen, repräsentativen Bau 150 m über dem Talboden, den die beiden Brüder Gianora (Marronibrater in Paris bzw. Aarau/Olten) um 1840 als Alterswohnsitz erstellt hatten.

Die Liegenschaft gehörte einer Erbengemeinschaft von 45 Beteiligten, die sich erst nach jahrelangen Streitereien auf einen Verkauf einigen konnten, unter der Bedingung, dass das Haus an einen auswärtigen Käufer gehen müsse.

Das Haus hatte während des Weltkrieges dem Fliegerbeobachtungs- und -meldedienst als Unterkunft gedient und stand seither leer.

Nach einer Bedenkzeit von einer Woche kauften wir das Haus. Auf unseren Wunsch beauftragte der Makler den Baumeister Minazzoli mit den notwendigen Unterhaltsarbeiten und dem Einbau von Küche und Badezimmer.

**1964**

# Film «Forschung im Streiflicht» für die EXPO 1964 in Lausanne

«Heureka» von Jean Tinguely: Expo Lausanne 1964

Wie schon so oft, flog mir auf verschlungenen Wegen eine neue Aufgabe zu.

Ein Jahr vor der Landesaustellung (EXPO 1964) arbeitete die CONDOR-FILM AG an einem Dokumentarfilm über das Wirken des Schweizerischen Nationalfonds im ersten Jahrzehnt seines Bestehens. Als Sponsor trat vorerst der Schweizerische Bierbrauerverband auf, der sich aber kurzfristig zurückzog, weil ihm das Detailkonzept nicht passte.

Heinrich Fueter, Gründer der CONDOR-FILM AG bat seinen Freund Karl Weber um Hilfe, der kurzerhand seine Firma Neue Warenhaus AG (damals EPA) als Sponsorin einsetzte. Gleichzeitig gab er mir den Auftrag, den Filmgestaltern als Türöffner bei wissenschaftlichen Institutionen und Forschern zu dienen.

Es ging darum, alle Wissenschaftler aufzusuchen, die wir für die Mitarbeit gewinnen wollten. Ich hatte ihnen zu erklären, dass sie einen halben Arbeitstag für die Dreharbeiten opfern müssten, auch wenn dann ihr Beitrag im dreizehnminütigen Film auf eine Sequenz von nur 30 Sekunden zusammengeschnitten würde.

Nicht immer stiess ich mit meinem Anliegen auf offene Ohren. Es wäre doch unmöglich, den Inhalt und die Bedeutung des eigenen Forschungsgebietes in einer halben Minute darzustellen. Letztlich aber haben alle Protagonisten zugesagt.

Die Aufgabe bot mir die Gelegenheit, die Leiter und Mitarbeiter wichtiger Nationalfondsprojekte aus der Zeit von 1954 bis 1963 persönlich kennenzulernen.

Der viertelstündige Dokumentarfilm begann mit einem Beitrag über prähistorische Höhlenmalereien in Norditalien und schloss mit dem Start einer Trägerrakete, die den Aufbruch ins Zeitalter der Raumfahrt symbolisieren sollte.

Der Kurzfilm kam bei Publikum und Presse gut an. Der Forschungsrat und der Generalsekretär des Schweizerischen Nationalfonds reagierten sehr positiv.

**1964**

**Clavadel. Heirat eines streng katholischen Küchenburschen aus Spanien mit einer geschiedenen Muslimin aus Jugoslawien**

Meine Aufgabe als Spitalverwalter in Clavadel war vielseitig, abwechslungsreich und kurzweilig. Geblieben ist mir unter vielen anderen Episoden die Heirat des streng katholischen Küchenburschen aus Spanien mit einer geschiedenen Muslimin aus Jugoslawien, die im Hausdienst arbeitete. Die Familie des Spaniers gab die Einwilligung zur Heirat nur dann, wenn das Paar nach katholischem Ritus kirchlich getraut würde.

Was tun?

Der katholische Seelsorger in Davos war ratlos. Auf mein Ersuchen lud mich das bischöfliche Ordinariat in Chur zu einem Gespräch ein.

Ein Mitarbeiter orientierte mich ausführlich über das heilige Sakrament der Ehe und erklärte mir, dass eine kirchliche Trauung nur möglich sei, wenn beide Brautleute katholisch getauft und ledig seien.

Ich fragte nach, ob kirchenrechtlich eine Mohammedanerin als Heidin zu betrachten sei. Als er zustimmte, schlug ich ihm vor, die Frau zum Katholizismus zu bekehren und nach erfolgtem Unterricht zu taufen. In diesem Fall könnte man der Frau ihr Vorleben mit der früheren Scheidung nicht zum Vorwurf machen.

Zu meiner Überraschung akzeptierte der Kirchenmann die Argumentation. Die Frau besuchte während eines Jahres den persönlichen Taufunterricht beim Pfarrer in Davos und erhielt im Anschluss die Erlaubnis zur kirchlichen Trauung.

## 1968
# Der historische Bewässerungsvertrag von Monstein

Monstein mit alter Kirche

Mein Studienkollege Gerhard Furrer stellte mir in der Person von H. R. Zweifel wieder einmal einen Doktoranden zur Verfügung. Im Hinblick auf eine politische Auseinandersetzung um die Nutzungsrechte an der grossen Quelle auf der Clavadeleralp schien es mir richtig, eine Dissertation über die Entwicklung der Wasserversorgung und der Wasserrechte in der Landschaft Davos anzusetzen. Zwei Fragen standen im Vordergrund:

– Wie funktionierte die Wasserverteilung zwischen Nutzern unter Verwendung des sogenannten «Davoser-Rohrs»?

– Gab es Beispiele für künstliche Bewässerung in der Tradition der Walliser Walser?

Für die Beantwortung der zweiten Frage wandten wir uns an den alten Michel von Monstein, den legendären Kenner der Davoser Lokalgeschichte und des alten Brauchtums.

Wir wurden freundlich empfangen. Wir unterbreiteten ihm unser Anliegen. Er lächelte verschmitzt, öffnete das Geheimfach seines Sekretärs und holte eine handgeschriebene Urkunde heraus.

Vor uns lag das Protokoll über die Beilegung eines Zwists unter sechs Genossen, die zur Nutzung des Wassers aus einer Wasserleitung von der Oberalp bis ins Dorf Monstein berechtigt waren. Seit ehedem hatte die Regelung gegolten, dass die sechs Nutzer nach festem Turnus während eines Wochentages das Wasser auf ihre Wiesen und Äckerchen lenken konnten. Es gab demnach den Montag-, Dienstag-, ... Samstagbauern. Umgestellt wurde der Schieber jeweils beim Betzeit-Läuten.

Am Sonntag blieb der Schieber offen, weil an diesem Tag das Wasser dem Herrgott gehörte.

Nun begab es sich, dass der Samstagbauer wiederholt vergass, den Schieber beim Betzeit-Läuten am Samstag zu öffnen, sodass das Wasser ungerechtfertigt auch am Sonntag auf seine Wiesen floss.

Die andern klagten. Bei der Schlichtungsverhandlung vor dem Richter machte der Schuldige folgende Gründe geltend:

*«Der Herr Pfarrer habe doch in letzter Zeit immer wieder von der Kanzel herab gemahnt, das Arbeitsverbot am Sonntag doch wieder gewissenhaft einzuhalten. Er hätte sich an diese Worte gehalten und habe deshalb das Wasser nicht umgelenkt, wenn er am Samstagabend zu spät gekommen sei.»*

Die Kontrahenten einigten sich darauf – so steht es in der alten Urkunde – von nun an die alte Regelung wieder allseits getreulich zu befolgen und sich jeden Missbrauchs künftig zu enthalten.

**1972**

# Empfang durch Bundespräsident Jonas in der Wiener Hofburg

Empfangssalon in der Hofburg Wien

Wieder einmal trafen sich die Mitglieder des Österreichischen Kuratoriums für Sicherheit in den Bergen zur jährlichen Herbsttagung. Aus mir unbekannten Gründen lud der damalige Vorsitzende, seines Zeichens Oberst und persönlicher Adjutant des Bundespräsidenten einen kleinen Kreis der Teilnehmer zu einer Audienz in der Wiener Hofburg ein.

Im altehrwürdigen Empfangssaal begrüsste uns der Chef des Protokolls. Neben unserer Delegation waren noch einige höhere Offiziere eingeladen.

Wir wurden – streng nach Protokoll – in einer Reihe aufgestellt, wobei mir als ausländischen Gast der Ehrenplatz zugewiesen wurde.

Bundespräsident Jonas traf pünktlich ein. Die Offiziere nahmen Achtungstellung an und salutierten. Mit einer würdevollen Handbewegung dankte er für die Ehrbezeugung. Der Chef des Protokolls stellte einen um den anderen Gast mit lauter Stimme vor. Bundespräsident Jonas grüsste uns einzeln, und wechselte mit jedem ein paar freundliche Worte. Ein Oberst dankte spontan für seine Beförderung und erhielt die Antwort: «Hat's wehgetan, Herr Oberst?», worauf ein herzhaftes Lachen in der Runde die steife Zeremonie heiter beendete.

**1976**

# ENHK – Gutachten zu Stausee-Projekten «Gletsch»

Gletschboden

Kurz nach meiner Ernennung als Fachgutachter der Eidg. Natur- und Heimatschutzkommission (ENHK) wurde ich zu meinem ersten Einsatz aufgeboten. Anlass bot eine Einladung des Walliser Staatsrates Franz Steiner, der als Baudirektor über das Gesuch des Kantons für den Bau eines Wasserkraftwerkes mit einem Stausee «Gletsch» orientieren wollte. Es ging ihm darum, sein Gesuch noch vor einem Konkurrenzprojekt des Ingenieurbüros Bonvin einreichen zu können.

Um die Akten für die Eingabe zu vervollständigen, brauchte er die Zustimmung des Bundesamtes für Raumplanung und der ENHK. Als Experte des Bundesamtes nahm H. Roth aus Zofingen an der Sitzung teil.

Gleich zu Beginn machte Franz Steiner deutlich, dass er die Verhandlungen noch vor dem Mittagessen abschliessen werde. Dann stellte er in Kürze das Projekt vor. Mit einer Staumauer an der engsten Stelle sollte der ganze Gletschboden abgeriegelt und Hotel und Bahnstation unter Wasser gesetzt werden.

Mit einigen Seitenhieben gegen die «beiden Herren aus Bern» erteilte er Roth und mir das Wort.

Wir monierten, dass bei den uns zugestellten Akten die Stellungnahme der kantonalen Natur- und Heimatschutzkommission fehle.

Steiner war kurz irritiert. Dann wandte er sich an den Kantonsoberförster, der das Protokoll der Sitzung führte. Es folgte ein bemerkenswerter Dialog:

*«Haben wir das Thema in der letzten Sitzung behandelt?»*

*«Nein Herr Staatsrat, wir haben damals das Traktandum aus Zeitgründen verschoben.»*

*«Dann holen wir hier und jetzt den Beschluss nach. Wir beide sind als Mitglieder der Kommission zum Entscheid befugt. Schreiben sie ins Protokoll, dass die Kommission dem Bauprojekt rechtsgültig zustimmt.»*

Staatsrat Steiner wähnte sich am Ziel und wollte die Sitzung beenden. Dann schossen wir ihn mit der Frage ab:

*«Herr Staatsrat! Wir erinnern sie an den Bundesgerichtsentscheid von 1923, der den Eigentumsanspruch des Hoteliers Eduard Seiler am ganzen Rhonegletscher und seinem Vorfeld bestätigt hat. Existiert ein Vertrag, über einen Verkauf an den Kanton Wallis?»*

Die Sache war gelaufen. Ohne Klärung der Eigentumsrechte am Gletscher müssten die Bundesbehörden das Baugesuch des Kantons Wallis zwingend ablehnen.

Jahre später hat sich der Kanton Wallis mit der Familie Seiler geeinigt und den Rhonegletscher in Staatsbesitz gebracht. Das Projekt «Stausee Gletsch» wurde aufgegeben, nachdem die Bundesbehörden einem Ersatzprojekt «Pumpspeicherwerk Oberwald – Grimselpass» zugestimmt hatten.

**1977**

## Sollen die Alpen zum Disney Land Europas werden?

Karikatur aus F. H. Schwarzenbach «Alpen im Zwielicht» (1979)

Am 4. Dezember 1977 hielt ich an der jährlichen Etzel-Tagung von SAC-Sektionen einen Vortrag mit dem Titel «Sollen die Alpen zum Disney-Land Europas werden?»

In diesem Referat mahnte ich aus Sicht des Landschaftsschutzes vor einer ungezügelten Erschliessung und Vermarktung alpiner Landschaften für den Pistenskilauf.

Der Vortrag schlug ein. Der anwesende Chefredaktor der Zeitschrift «Die Alpen» bot mir an, den Text in der Januarnummer 1978 zu veröffentlichen. Was darauf folgte, war ein nie erahnter Presserummel im deutschsprachigen Raum. Alles in allem erreichte der Artikel eine Gesamtauflage von 1 200 000 Exemplaren. Nicht zuletzt verdankte der Beitrag seine Popularität den Karikaturisten, die den reisserischen Titel auf verschiedenste Art in muntere Zeichnungen umsetzten.

## 1979

## Semaine de Surprise im kommunistischen Jugoslawien

Ljubljana: Besuchtes Kombinat

Aus heiterem Himmel erreichte mich der Anruf von Botschafter Hans Keller aus Belgrad. Der Präsident des jugoslawischen Parlaments lade mich zu seiner persönlichen Beratung ein und bitte mich, ihm während einer Woche zur Verfügung zu stehen. Einzelheiten würde ich nach meiner Ankunft erfahren.

Ich fragte Hans Keller, einen alten Freund unserer Stiftung, was ich von dieser kryptisch formulierten Anfrage halten sollte. Meinerseits wusste ich von anderen Gelegenheiten, dass kommunistische Spitzenleute zu jener Zeit mit allen Mitteln versuchten, ihre Kontakte zu westlichen Gesprächspartnern zu tarnen.

Hans Keller ermunterte mich, die Einladung anzunehmen. Ich könnte ja jederzeit eine Auskunft ablehnen, weil man mich zum Voraus nicht über die Themen der Gespräche orientiert hätte. Im weiteren stellte ich klar, dass ich bei persönlichen Beratungen konsequent auf Honorare und Spesenersatz verzichte.

So sagte ich zu und erlebte eine Woche voll von Überraschungen, die meine Erfahrungen aus den turbulenten Wochen in Indien und Pakistan (1962) noch übertrafen.

Ich realisierte, dass ich seit Jahren im Visier des jugoslawischen Geheimdienstes stand, der meine beruflichen Aktivitäten und meine Beratungstätigkeit in allen Einzelheiten verfolgt hatte. Offensichtlich kamen hochgestellte Kreise zum Schluss, dass meine Erfahrungen für jugoslawische Institutionen von grossem Wert sein könnten. Für die Vorbereitung meiner Kontakte wurden – gestützt auf die Informationen des Geheimdienstes – mögliche Interessenten angefragt.

Die Liste meiner Gesprächspartner war lang. An Themen mangelte es nicht.

**Belgrad**

Der Präsident des jugoslawischen Parlamentes wollte von mir erfahren, ob der Passus «Abwehr der westlichen Schmutzindustrie» in der Präambel des neuen Umweltschutzgesetzes mögliche Repressalien der Bundesrepublik Deutschland gegen die 1,2 Millionen jugoslawischer Gastarbeiter auslösen könnte.

**Zagreb**

Eine Gruppe bekannter Bergsteiger orientierte mich über titanverstärkte Kletterhaken russischer Herkunft und fragte mich nach saisonalen Anstellungsmöglichkeiten für jugoslawische Bergführer in der Schweiz.

**Ljubljana**

Der Chef des riesigen Kombinates für die Produktion von Wein und Spirituosen und deren landesweiten Vertrieb wartete mit verschiedenen Anliegen auf:

- Der Betrieb hatte neu eine computergesteuerte Gärungsstrasse für die Weinproduktion mit Chargen von jeweils einer Million Litern installiert. Sie hatten auf mich gewartet, um meine Zustimmung für die Inbetriebnahme zu erhalten. (Meine Gesprächspartner wussten, dass ich bei der Entwicklung der Gärtechnik des Hefe-Plasmolysats «BIO-Strath» mitgewirkt hatte.)

- Der Chefchemiker des Getränkelabors mit 140 Mitarbeitern wollte wissen, ob schweizerische Institutionen über neuartige Analysegeräte verfügten, die in seinem Labor noch fehlten. (Er wusste, dass ich mit Hans Tanner von der Eidg. Versuchsanstalt Wädenswil befreundet war, der kürzlich den Gaschromatographen in die Getränkechemie eingeführt hatte.)

– Der Leiter des Kombinates wusste, dass ich mich mit der Anwendung mathematisch-statistischer Methoden in der Praxis befasste und fragte mich nach einem Verfahren für den optimalen Einsatz von 340 Lastenzügen mit der Belieferung einer grösseren Zahl von Depots. Ich konnte seine Frage beantworten, weil mir Rudolf Suter, damaliger Chef der Migros, einige Monate zuvor sein «Vertriebsmodell Schweiz» erklärt hatte.

Mein letzter Gesprächspartner hatte mich zum Nachtessen in einem renommierten Lokal der Stadt eingeladen. Wie abgemacht meldete ich mich beim Empfang. Man teilte mir mit, dass er erst zwei Stunden später kommen werde.

Er erschien in Jägermontur und war nach einem Geburtstagfest in guter Stimmung. Er stellte sich als Jäger aus Passion, Ingenieur und Ballistiker vor. Wir sassen als einzige Gäste in der Mitte des grossen Speisesaals und liessen uns vorerst das Menü schmecken. Unser Gespräch kreiste um die Themen «Wildbiologie» und «Jagd».

Der Kellner servierte uns noch den Kaffee und zog sich dann zurück. Unvermittelt wechselte mein Gastgeber das Thema. Er zog ein Hohlgeschoss im Pistolenkaliber aus der Tasche, das sich bei seinem Aufprall auf einen Tierkörper abgeplattet, verformt und mit seinen scharfkantigen Rändern einen zentimetergrossen Kanal durch die Muskulatur gebohrt hatte. Dann stellte er mir die Frage: «Was halten sie von diesem Geschoss?»

Ich zögerte mit der Antwort. Um Zeit und Abstand zu gewinnen, bat ich ihn, mir den Aufbau und die Besonderheiten des Geschosses zu erklären. Bereitwillig gab er Auskunft. Er wusste über alle Einzelheiten Bescheid. Ganz beiläufig fügte er bei, dass er nach einem eingehenden Studium der internationalen Fachliteratur über Jagdgeschosse dieses Hohlgeschoss konzipiert und zur praxistauglichen Munition entwickelt habe.

Vorsichtig fragte ich ihn nach der möglichen Verwendung dieses neuen Geschosses. Er nannte zwei Möglichkeiten:

– Sicherheitsbegleiter in Flugzeugen könnten die Munition gefahrlos gegen Luftpiraten einsetzen, da das Geschoss mit seiner kleinen Geschwindigkeit die Wand der Flugzeugkabine nicht durchschlagen könne.

– Polizisten könnten die Geschosse zur wirksamen Selbstverteidigung verwenden, wenn sie von schiesswütigen Kriminellen bedroht würden.

Ich stellte die Frage: «*Warum haben Sie mich zu diesem Gespräch eingeladen?*»

Seine Antwort: «*Aus Gewissensgründen. Ich habe diese brutale Nahkampfwaffe unter militärischem Druck entwickelt. Ich will, dass die Existenz dieser Geheimwaffe international bekannt wird, damit die Ostblockarmeen keinen militärischen Vorteil haben. Ich weiss, dass Sie das Wissen um diese neue Stopp-Munition nach ihrer Rückkehr in die Schweiz an die zuständigen Stellen weitergeben. Aus diesem Grund habe ich die heutige Zusammenkunft veranlasst.*»

Meine Frage: «*Können Sie mir beweisen, dass ihre Begründung der Wahrheit entspricht?*»

Seine Antwort: «*Sagen Sie mir, welchen Beweis sie erwarten?*»

«*Geben Sie mir das Geschoss!*»

Mit der Bemerkung: «*Ich habe diesen Vorschlag erwartet!*» händigte er mir das Projektil aus.

Ich nahm es mit, gab es über Freunde zur Untersuchung an Ballistiker weiter, die mir später in allen Einzelheiten die Aussagen meines Gesprächspartners bestätigten.

Und das Ende der Geschichte:

Im Sommer 2006 erhielten die kantonalen Polizeikorps in der Schweiz die Ermächtigung, sogenannte Teilmantel- oder Deformationsmunition zum Selbstschutz von Polizisten anzuschaffen.

**1983**

## Vizedirektor der Eidg. Anstalt für das forstliche Versuchswesen (EAFV): Freiheit des Arbeitsstils

Die Forschungsanstalt WSL

Im Sommer 1983 rückte ich als Nachfolger von Erwin Wullschleger zum Vizedirektor der EAFV auf. Mein Arbeitsvertrag umfasste folgende Punkte:

- Stellvertreter des Direktors

- Vertretung der Versuchsanstalt in nationalen und internationalen Gremien (in Absprache mit dem Direktor)

- Beauftragter für die mittel- und langfristige Planung der institutionellen und baulichen Entwicklung

- Delegierter für Baufragen mit Einsitz in den jeweiligen Baukommissionen

- Leiter der zentralen Dienste: Bibliothek, Fotodienst, EDV, Versuchsgarten, Laboratorien und Werkstätten

Bald einmal stellte ich fest, dass neben diesen festen Verpflichtungen eine Vielzahl weiterer Aufgaben dazu kamen:

- Mitwirkung in einer ständigen Arbeitsgruppe «Mehrjahresplanung» im Schulratsbereich

- Planung und Organisation des Sonderforschungsprogrammes «SANASILVA» (im Zusammenhang mit dem Waldsterben)

- Aufbau und Angliederung der Zweigstellen «Sottostazione Sud degli Alpi» in Bellinzona und der «Antenne Romande» an der ETH Lausanne

- Mitglied der Expertenkommissionen in mehreren Forschungsprogrammen des Schweizerischen Nationalfonds für wissenschaftliche Forschung

- Fachgutachter der Eidg. Natur- und Heimatschutzkommission ENHK für den Aufgabenbereich «Landschaftsschutz»

Unter diesen Voraussetzungen musste ich mir einen zeitsparenden Arbeitsstil zulegen. Folgende Massnahmen haben sich damals bewährt:

- Ich weigerte mich konsequent, den Hörer abzuheben, wenn das Telefon läutete und liess meine Sekretärin antworten. Sie verfügte über meine Agenda und konnte über die Belegung der vereinbarten Zeitfenster selbständig disponieren. Sie legte den Zeitpunkt für notwendige Rückrufe fest, die sie nach Möglichkeit zeitlich bündelte.
- Für interne Fachgespräche traf ich die Mitarbeiter immer an ihrem Arbeitsplatz, damit sie allenfalls direkt auf ihre Dokumentation zurückgreifen konnten.
- Vor dem Mittagessen in der Kantine weilte ich während einer Viertelstunde im Treppenhaus, wo mich die Mitarbeitenden treffen konnten, um kurze Anliegen zu besprechen.

Bei dem lebhaften Betrieb an der EAFV verbummelte ich dann und wann eine Abmachung, vergass einen vereinbarten Rückruf oder leitete einen Entscheid nicht zeitgerecht weiter. Für diese Versäumnisse pflegte ich mich zu revanchieren, indem ich bei der Kassenfrau einen Kaffee für die betreffende Person spendierte. Selbstverständlich gab ich Antwort, wenn man mich nach dem Grund für diese Geste fragte. Schmunzelnd hörte man in der Warteschlage mit und freute sich, dass dem Chef schon wieder ein Lapsus passiert war.

Ich kam oft dazu, einen Kaffee spenden zu müssen. Mit der Zeit aber erlebte ich mit Genugtuung, dass Mitarbeitende meinem Beispiel folgten und ihrerseits mit einem offerierten Kaffee Abbitte leisteten. Per saldo hielten sich die gegenseitigen Spenden wohl die Waage.

**1984**

## Entwicklung einer Schreibmaschine für Redaktoren von Mundartwörterbüchern

# mesPledaris

Pledari rumantsch, romanisches Wörterbuch,
dizionario romancio, dictionnaire romanche, Romansh dictionary

Mit Hans Stricker, Redaktor am rätoromanischen Wörterbuch, kam ich 1978 zum ersten Mal in Kontakt, als wir seine Hilfe bei der Übersetzung eines Fragebogens für unsere Erhebung über die Ernährungsgewohnheiten der romanisch sprechenden Bevölkerung des Vorderrheintales brauchten.

Zu meiner Überraschung bat er mich, an der Jahresversammlung der Schweizerischen Geisteswissenschaftlichen Gesellschaft 1981 in Neuchâtel einen Vortrag mit dem Thema zu halten:

*«Möglichkeiten des Einsatzes der elektronischen Datenverarbeitung bei einem fortgeschrittenen Wörterbuch»*

Er orientierte mich eingehend über die Hintergründe des merkwürdigen Anliegens. Der Schweizerische Nationalfonds, der seit seiner Gründung die Herausgabe der Mundartwörterbücher finanziert hatte, stand vor einem Problem. Die Buchdruckerei Konkordia in Winterthur, die sich auf den Druck von Texten in phonetischer Schreibweise spezialisiert hatte, schloss mit der Pensionierung des Schriftsetzers diesen Betriebszweig.

Der Nationalfonds nützte die Gelegenheit. Er verlangte von den Redaktoren der Wörterbücher eine Expertise, ob EDV-Techniken für den Druck der Publikationen herangezogen werden könnten.

Mich faszinierte diese Aufgabe. Ich übernahm das Referat an der Jahresversammlung der Schweizerischen Geisteswissenschaftlichen Gesellschaft in Neuchâtel. Als Lösung des Problems schwebte mir die Entwicklung einer elektronischen Schreibmaschine mit phonetischer Tastatur vor. In diesem Fall würde der Redaktor seinen Text eigenhändig tippen und den Ausdruck auch selber korrigieren.

Mit Unterstützung durch Erwin Vogel, EDV-Spezialist an der EAFV, konnten wir die Firma Wang für die Realisierung der phonetischen Schreibmaschine gewinnen. Hans Stricker wurde für seine Initiative belohnt und erhielt den Prototyp als persönliches Geschenk der Firma.

## 1991

# Elisabeth und ich werden in den Werner Bergen vergessen

16. August 1991. Elisabeth wartet bei der Flugpiste am Pingo Pass auf den «TWIN OTTER»

Im Sommer 1991 reisten meine Frau Elisabeth und ich nach Ostgrönland. Wir planten, in den südlichen Werner Bergen am Pingo Pass (71°N) und auf Milne Land zu arbeiten. Fachlich ging es mir darum, die Vegetation im Schuchert Dal mit den Verhältnissen auf der Nordseite der Stauning Alpen (Expeditionen 1950, 1951, 1954) zu vergleichen.

Gunnar Jensen, Arctic Advisor in Farum (DK) beschaffte uns die Expeditionsausrüstung und sorgte für die Bewilligungen.

Am 20. Juli landeten wir mit den Icelandic Airlines planmässig auf dem Kontrollflughafen Constable Pynt nördlich von Scoresby Sund, übernachteten im Gästehaus und wurden am nächsten Tag mit einem TWIN OTTER auf der vergessenen Flugpiste am Pingo Lake ausgesetzt, die 1958 als Ausgangspunkt für die Erzprospektion am Malmbjærg angelegt worden war. Ich hatte diese Piste auf dänischen Luftbildern entdeckt.

Wir hatten abgemacht, dass wir am 7. August nach Milne Land versetzt und am 17. August dort abgeholt werden sollten.

Der TWIN OTTER kam nicht. Mit Constable Pynt konnten wir keine Funkverbindung aufnehmen, da unser batteriebetriebenes Gerät zu schwach war und die Flugpiste im Funkschatten lag. Wir hatten keine andere Wahl, als zu warten und unsere Ausflüge auf einen Umkreis von zwei Kilometern zu beschränken, damit wir bei einer Landung des Flugzeugs in einer halben Stunde beim Startplatz sein konnten.

Man hatte uns vergessen. Erst als man in Constable Pynt realisierte, dass zwei Sitze im Flug nach Island leer waren, kam Bewegung in die Szene, wie der Auszug aus dem Tagebuch 1991 belegt:

Sonntag, den 18. August 1991

**Abgeholt und ausgeflogen**

*Einsetzender Landregen. Nebeldecke auf 700 m. Kühl.*

*Um acht Uhr setzt ein Landregen ein. Die Welt versinkt im Nebel – nur nach Norden gegen den Schuchert Gletscher ist noch ein Loch offen.*

*Der Regen wird stärker. Wir essen im Zelt, ausgiebig und gemütlich. Heute ist bestimmt kein Flugwetter, so dass wir uns ruhig für einen Tag gemütlich im Haus einrichten können und das auch tun.*

*Kurz nach halb ein Uhr glauben wir, Motorengeräusch zu hören. Der TWIN OTTER der NORDLAND AIR LTD. saust aus dem Nebel vom Pass her über die Piste hinweg, dreht eine Kurve über dem Schuchert Dal, landet kurz darauf pistenaufwärts und rollt direkt vor unser Zelt.*

*In Eile packen wir zusammen, während der Pilot die Piste in ihrer ganzen Länge abschreitet. Eine knappe halbe Stunde brauchen wir, um aufzuräumen, zu verpacken und einzuladen. Feuchter Sand ist überall.*

*Schon fünf Minuten nach ein Uhr startet die Maschine, hüpft einige Mal auf und nieder, hebt ab und kurvt nach links ins Schuchert Dal hinaus. Auf 540 m Höhe fliegen wir talauswärts, in dichtem Nebel, der sich erst über der Hall Bredning auflöst. Der Pilot dreht nordwärts, kurvt über Jameson Land, zieht eine grosse Schleife über den Sø Bjerg und setzt um zwei Uhr auf der Piste von Constable Pynt auf.*

*Der TWIN OTTER wird mit Fracht und persönlichem Gepäck amerikanische Sauriersucher aus Canning Land beladen. Wir haben nur kurze Zeit, um die Abfallsäcke loszuwerden und den überschüssigen Proviant – samt Freizeitkocher mit Anleitung – dem Flugleiter zu übergeben. Wir wechseln die Schuhe, geben sehr formlos Zelte, Matratzen, Schlafsäcke, Gebirgsausrüstung und die Kochkiste als Luftfracht auf und verstauen Rucksäcke, Funkgerät, Kartenrollen und Reisekoffer im Flugzeug. Nebenbei erfahren wir, dass wir direkt nach Keflavik fliegen werden. Niemand fragt, ob wir auch Flugscheine haben.*

*Der Pilot erklärte uns, dass die Paläontologen aus Harvard zuviel Material hatten, obwohl gestern an unserer Stelle 150 kg Gepäck durch die GREENLAND FLY mitgenommen worden sei. Da eine Maschine der US NAVY in Keflavik auf die amerikanische Expedition warte, sei für heute Sonntag ein Sonderflug notwendig geworden. Dabei sei die Besatzung beauftragt worden, uns abzuholen.*

*Um halb drei Uhr werden wir durch den Manager der GREENLAND FLY verabschiedet. Kein Wort über die Hintergründe des langen Wartens, aber eine betont freundliche Bedienung durch jedermann. Die Reste unseres Proviants werden kopfnickend entgegengenommen und finden ohne Zweifel ihren Weg in die Kojen der Flugplatzarbeiter.*

*Good-bye Greenland! Good-bye with fog! Good-bye for ever?*

*Wir fliegen vorerst eine halbe Stunde lang bei dichtem Nebel, dann aber reitet der TWIN OTTER über eine gewaltige Bank von Haufen- und Regenwolken. Wir staunen, wie viele Wolken über dem Meer zwischen Grönland und Island Platz haben.*

*Zwischenhinein gibt es einige Durchblicke auf das sturmbewegte Meer. Beim Flug über Island haben wir Aussicht auf die nördlichste Hochlandvereisung und sehen wenig später auch einige Farmen in der vergessenen Einöde des Inlandes.*

*Kurz nach sechs Uhr landen wir in Keflavik und rollen vor die Hallen der amerikanischen Basis, wo nach wenigen Minuten die Paläontologen aus Harvard anfahren, die um ihr Gepäck gebangt haben. Mit Schwung werden die Kisten und Klamotten aus dem TWIN OTTER herausmanövriert. Einmal mehr sind wir erstaunt, was alles in dieser Maschine Platz gefunden hat.*

*Mit einem Wagen der US NAVY werden wir vornehm zum hinteren Diensteingang des zivilen Flugplatzes kutschiert und durch die Sicherheitskontrolle eskortiert.*

*Es ist Sonntag und zehn Minuten vor Arbeitsschluss: Unser Gepäck rollt problemlos durch den Zoll und innert Minuten wird unser Flugticket anstandslos für den Frühkurs von morgen (Abflug 07.30) umgebucht.*

*Wir fahren mit einem Taxi ins Flughotel Keflavik, wo uns auf Veranlassung von Gunnar Jensen bereits das Zimmer für heute neu reserviert worden ist. Wir waschen uns fürs Erste und marschieren dann ins Restaurant, um Mönchsfisch zu geniessen.*

*Vergeblich versuche ich, Gunnar Jensen anzurufen. Die internationale Leitung ist chronisch überlastet.*

*Wir duschen lange und ausgiebig. Erstaunlich, welche Menge roten Sandes wir aus Grönland mitgebracht haben. Wer hätte gedacht, wie rasch sich die Dinge auf dieser Welt ändern können!*

Montag, den 19. August 1991

**Hoppla-hopp in die Heimat zurück**

*Pünktlich werden wir um halb sechs Uhr geweckt. Noch gelingt es, kurz vor der Wegfahrt zum Flughafen mit Gunnar Jensen zu telefonieren. Er freut sich offensichtlich, dass der Endspurt so gut gelungen ist und wird uns am Flughafen Kastrup abholen.*

*Die Maschine der isländischen Fluggesellschaft ist stark besetzt und startet pünktlich. Zu sehen gibt es wenig, da wir über den Nachläufern des gestrigen Tiefdruckwirbels fliegen. Wir stellen die Uhr wieder vor und geben damit die Zeit zurück, die wir vor einem Monat beim Hinflug gewonnen haben. Es ist so wie immer: Im Leben wird uns Menschen auf die Dauer nichts geschenkt.*

*Gunnar Jensen begrüsst uns am Flughafen. Wir stellen unser Gepäck ein, fahren in die Stadt und setzen uns im Restaurant «Kanalen» an einen Tisch im Hinterstübchen.*

*Gunnar Jensen hat gestern um halb zwei Uhr von Sigidur Adalsteinsson, dem Chef der NORLANDAIR LTD., erfahren, dass wir an Bord des TWIN*

*OTTER unterwegs nach Constable Pynt seien, nachdem er sich vorher bei Hauge Andersson in Akureyri über unseren Verbleib erkundigt hatte. Offensichtlich hat man dann Dampf aufgesetzt, um uns mit dem Sonderflug herauszuholen.*

*Gunnar Jensen hat auch gehört, dass am 16. August die Maschine wegen schlechten Wetters auf Station Nord zu spät abgeflogen sei. Von den Gründen für den Ausfall des Fluges nach Milne Land weiss er nichts. Ihm war auch nichts bekannt, weshalb man uns vergessen hat.*

*Mit einiger Verspätung gehen wir an Bord der SAS-Maschine. Das Flugzeug ist voll besetzt, so dass wir als Apex-Passagiere auf die hintersten Sitze komplimentiert werden.*

*Auf dem Rückflug erhaschen wir dann und wann einen Tiefblick auf deutsche Landen. Über Eglisau drehen wir eine Warteschleife und setzen kurz nach sechs Uhr auf der Piste des Flughafens Kloten auf.*

*Wir passieren die Gepäckausgabe und den Zoll in kürzester Zeit, holen am Schalter der SBB die deponierten Generalabonnemente ab und erreichen noch den Zug, der 18.43 in Kloten abfährt.*

*Bei der Fahrt gegen Süden fällt uns das viele Grün auf. Auch staunen wir, wie viel Wald es in der Schweiz noch gibt.*

*Am Bahnhof Biasca versuchen wir vergeblich, den Taxi zu bekommen. Graziano Rodoni hat dann die Freundlichkeit, uns am Bahnhof abzuholen.*

*Halb elf Uhr ist es, als wir die Haustür aufschliessen: Wir sind wieder daheim, nach einem ereignisreichen und unvergesslichen Sommer. Der Wechsel aus der Stille und Weite Grönlands in die Zivilisation war ein richtiger Salto mortale: Am Sonntag um halb ein Uhr noch bei einer Siesta im Zelt, am Montag um halb elf Uhr nachts unter dem eigenen Dach in Semione.*

*Während eines Monats ist die Welt mit ihren Wirbeln für uns stillgestanden. Staunend haben wir in Kopenhagen erfahren, dass heute morgen Michael Gorbatschow von Putschisten gestürzt worden ist.*

2006

## Foto von Hugh Thompson
## im Hotel «Spitsbergen» in Longyearbyen

Hotel «Spitsbergen» in Longyearbyen um Mitternacht

Für meinen Aufenthalt in Longyearbyen wähle ich das alte Hotel «Spitsbergen» zum Standquartier. In diesem Hotel logierten während der Blütezeit des Kohlebergbaues die Ingenieure und Verwaltungsleute der norwegischen Minen.

Ohne mein Zutun wird mir ein flottes Zimmer zugewiesen. An den Wänden wie auch in den Treppenhäusern hangen historische Fotos aus der Blütezeit des Bergbaues. Wie ich für ein Weilchen auf dem Bett ausruhe, fällt mein Blick auf ein Bild mit dem Titel «Sommerfreuden auf Spitzbergen». Mutige und harte Burschen baden im kalten Wasser des Fjords. Und unter ihnen erkenne ich Hugh Thompson, der 1953 als Geomorphologe mit uns in Baffin Island war. Von ihm wusste ich, dass er als Student an einer Expedition der Cambridge University nach Spitzbergen teilgenommen hatte.

Was für einen Vers soll ich mir auf diesen merkwürdigen Zufall machen?

## 2011
## Ehrung von Rolf Lorenz in Tübingen

Boris Palmer überreicht Rolf Lorenz das Bundesverdienstkreuz

Mein Freund Wolfgang Urfer, Statistiker aus Altena Ennepe bei Dortmund, braucht meine Hilfe. Die Internationale Biometrische Gesellschaft wünscht von ihm eine Laudatio für die bevorstehende Festveranstaltung in Tübingen zur Verleihung des Grossen Verdienstkreuzes der Bundesrepublik Deutschland an unseren Freund und Kollegen Rolf Lorenz.

Wolfgang hat noch nie eine Laudatio verfasst. So schreibe ich ihm eine entsprechende Anleitung und lege ihm auch gleich noch einen Vorschlag für seine Ansprache in Tübingen bei. Und weil ich weiss, dass Wolfgang nur ungern an offiziellen Anlässen redet, biete ich ihm an, ihn zu vertreten.

Wieder einmal reise ich nach Tübingen, übernachte in der Stadt und wandere am nächsten Tag mit Wolfgang zum Schloss, wo der Festakt stattfindet. Der Andrang der Gäste ist gross. Mit einem organisatorischen Kraftakt wird die Feier in den grossen Festsaal verlegt.

Die Grussadressen der Behörden von Stadt und Bundesland eröffnen den Anlass. Von musikalischen Darbietungen umrahmt, überreicht der offizielle Vertreter des Bundespräsidialamtes das Verdienstkreuz. Dann gratulieren in langer Reihe die Vertreter von Organisationen, Verbänden und Vereinen. Zuletzt erst wird mir das Wort für meine offiziell angekündigte Laudatio im Namen der Biometrischen Gesellschaft erteilt.

«*Vier rote Rosen habe ich mitgebracht. Die erste erinnert an seine wissenschaftliche Arbeit. Die zweite steht für die Würdigung seiner langjährigen Organisation von Statistikkursen für Mitarbeiter der Versuchsanstalten für Landwirtschaft, Forstwesen und Fischerei. Die dritte ehrt sein unerschrockenes Auftreten in der Öffentlichkeit für die Wahrung ethischer Grundsätze in der medizinischen und biologischen Forschung. Meine letzte Rose überreiche ich seiner Frau Rosemarie, die ihn zeitlebens begleitet und unterstützt hat.*»

## 2013

### Anfrage von Peter Dawes: Wann und wo fand diese Party an Bord von «SS Gustav Holm» statt?

24. Juli 1949. Party an Bord von «SS Gustav Holm» bei der Station Nordfjord in Ostgrönland

Der dänische Geologe Peter Dawes widmet sich seit seiner Pensionierung als Mitarbeiter von Grønland Geologiske Untersøgelse persönlichen Studien zur Geschichte der dänischen Ostgrönlandexpeditionen. In diesem Zusammenhang stiess er auf ein Foto, die eine Party an Bord des legendären Flaggschiffes «SS Gustav Holm» zeigt.

Peter Dawes plante, das Bild als Dokumentationsaufnahme der dänischen Ostgrönlandexpeditionen der Nachkriegszeit dem Staatsarchiv in Kopenhagen zukommen zu lassen.

Seine Fragen waren simpel:

– Wann und wo wurde das Bild aufgenommen?

– Wer ist auf der Foto zu erkennen?

Die erste Frage war für mich einfach zu beantworten. Der äusserste Mann links unter den drei stehenden Personen an der Reling ist mein Freund und Expeditionskollege Erdhardt (Erdi) Fränkl, den ich im Sommer 1949 in Nord Andrée Land begleitete.

Erdi hatte 1948/49 zusammen mit Hans Rudolf Katz auf Ella Ø überwintert. Als «SS Gustav Holm» am Morgen des 24. Juli 1949 vor der Station Nordfjord ankerte, arbeitete Erdi bei der Mündung des Grejsdalen und musste von dort her mit einem der beiden «Norseman»-Wasserflugzeuge zum Nordfjord gebracht werden, wie in meinem Tagebuch von 1949 zu lesen ist.

Die Party fand kurz vor der Weiterfahrt von «SS Gustav Holm» statt. Der Fotograf stand auf dem Schwimmer des «Norseman», der an das Heck des Schiffes anstösst, wie die Heckflosse im Bild zeigt.

Die Foto wurde um 14.45 Uhr aufgenommen, kurz bevor «SS Gustav Holm» Punkt drei Uhr die Anker und nach Süden abdampfte.

Zur Beantwortung der zweiten Frage schalteten wir die noch lebenden Teilnehmer der Expedition 1949 ein. Es gelang diesem Team, etwa zwei Drittel der fotografierten Polarfahrer eindeutig zu identifizieren.

**Dank**

Mein Dank geht an alle Personen, die in den «Kurzgeschichten» namentlich genannt werden.

Ganz besonders aber danke ich Kurt Rauber für die kreative Gestaltung des Buches und die hervorragende typographische Umsetzung.

# Fotonachweis

Seiten 10, 12, 14, 18, 22, 28, 32, 36, 44, 48, 62, 64, 68, 78, 94 (aus F.H.Schwarzenbach: Alpen im Zwielicht 1979), 108, 114 (Hugh Thompson): Fritz Hans Schwarzenbach

1944. Meine erste gedruckte Publikation,
Seite 8: http://www.steno.ch/0, Schweizerischer Stenografenverband Stolze/Schrey

1952. Gleichzeitiger Abschluss von Gymnasiallehrerdiplom und Doktorat,
Seite 26: Universität Zürich, Manfred Richter

1953. Die Geschichte von den «Schwartzenbach Falls»,
Seite 38: www.summitpost.org/a-shot-of-the-upper-section/42164, Neil Monteith

1953. Begegnung mit Alf Erling Porsild und Geoffrey Hatterley-Smith im National Herbarium in Ottawa,
Seite 40: canadianmuseumofnature.wordpress.com/2012/11/22/the-reindeer-botanist/ A. Erling Porsild examines a herbarium specimen in 1957. Image: Public domain

1958. Besuche von Prof. Blaurock (Ostberlin) in Bern,
Seite 52: www.hotel.info/fr/hotel-baren-ostermundigen/hotel-221100/

1960. Die Steinbockhörner im Kloster Engelberg,
Seite 56: http://www.naturpark-beverin.ch/index.php?page=444

1961. Tagung auf Schloss Lenzburg zum Thema «Informationspolitik über Strahlenfragen»,
Seite 58: commons.wikimedia.org/wiki/File:Schloss_Lenzburg_-_Gesamtansicht1.jpg, Taxiarchos228

1961. Mittagessen mit dem bhutanesischen Königspaar im Hotel «Wysses Rössli» in Schwyz,
Seite 72: www.schwyz-tourismus.ch/de/aecht-schwyz/aecht-schwyz-gastronomie/wysses-roessli-gastro-is

1962. Gründung des WWF: Vorbereitende Sitzung in Zürich, Seite 76: WWF

1964. Film «Forschung im Streiflicht» für die EXPO 1964 in Lausanne,
Seite 80: commons.wikimedia.org/wiki/File:Expo_1964_Heureka_(Jean_Tinguely).JPG, Anidaat

1964. Clavadel. Heirat eines streng katholischen Küchenburschen aus Spanien mit einer geschiedenen Muslimin aus Jugoslawien, Seite 82: www.sporthotel-clavadel.ch, Sport-Hotel Clavadel

1968. Der historische Bewässerungsvertrag von Monstein, Seite 84: www.davos-monstein.ch

1972. Empfang durch Bundespräsident Jonas in der Wiener Hofburg,
Seite 88: Audienzzimmer Kaiser Franz Josephs in der Wiener Hofburg, Schloss Schönbrunn Kultur- und Betriebsges.m.b.H.
www.habsburger.net/de/medien/audienzzimmer-kaiser-franz-josephs-der-wiener-hofburg

1976. ENHK – Gutachten zu Stausee-Projekten «Gletsch»,
Seite 90: commons.wikimedia.org/w/index.php?curid=14530851, Rolf Nagel

1979. Semaine de Surprise im kommunistischen Jugoslawien, Seite 96: Google Earth «Ljubljana»

1983. Vizedirektor der Eidg. Anstalt für das forstliche Versuchswesen (EAFV): Freiheit des Arbeitsstils, Seite 102: WSL-Archiv

1984. Entwicklung einer Schreibmaschine für Redaktoren von Mundartwörterbüchern,
Seite 106: www.pledari.ch

2011. Ehrung von Rolf Lorenz in Tübingen,
Seite 116: http://www.tagblatt.de/Nachrichten/Bundesverdienstkreuz-fuer-Rolf-Lorenz-169241.html, Schwäbisches Tagblatt vom 8. Dezember 2011

2013. Anfrage von Peter Dawes: Wann und wo fand diese Party an Bord von «SS Gustav Holm» statt?
Seite 118: Peter Dawes